Grundausgabe

W0374311

Doppel-Klick

Das Arbeitsheft
+ Sprachförderung

9

Herausgegeben von
Werner Bentin

Erarbeitet von
Angela Adhikari, Werner Bentin, Susanne El-Gindi, Sandra Heidmann-Weiß,
Christine Roock, Matthias Scholz, Isabel Tebarth, Renate Teepe

Cornelsen

DOPPEL-KLICK

DAS ARBEITSHEFT + SPRACHFÖRDERUNG

Arbeitstechniken

Prüfungstraining

Planen, schreiben, überarbeiten: Bewerbungstraining

Rechtschreiben

Grammatik

Fehler vermeiden

Verben verwenden

Satzgefüge verwenden

Lernerfolgskontrolle – Prüfung

Wissenswertes auf einen Blick

findest du auf den Umschlagseiten vorn und hinten in diesem Arbeitsheft.

Mit den Übungen und Kapiteln dieses Arbeitsheftes werden **die schriftlichen Klassenarbeiten und Prüfungen in Klasse 9** vorbereitet.
Dabei werden folgende **Kompetenzen** trainiert:

Sachtexte mit Grafik lesen, Fragen beantworten und Informationen anschaulich darstellen
➜ Texte lesen und verstehen S. 5–9

Informierende Texte schreiben
➜ Einen informierenden Text schreiben S. 15–21, 74–77

Stellung nehmen
➜ Schriftlich Stellung nehmen S. 23–28, 78–81

Literarische Texte lesen, erschließen und untersuchen, Merkmale erkennen
➜ Eine Kurzgeschichte analysieren S. 30–37, 82–87
➜ Ein Gedicht analysieren S. 39–43

Schriftlich erzählen
➜ Eine Geschichte weiterschreiben S. 37

Texte überarbeiten
➜ Die Bewerbung vorbereiten S. 45–48

Die Konjunktionen entweder ... oder und sowohl ... als auch

Was wählst du aus? Mit den Konjunktionen sagst du es genau.

Ein Schokoladenrezept für zu Hause

Es gibt viele Möglichkeiten für deine selbst gemachte Schokolade: Bringe entweder 100 g Kakaobutter oder die gleiche Menge Kokosfett in einem Wasserbad zum Schmelzen. Gib in das geschmolzene Fett sowohl 40 g Kakaopulver als auch ein wenig Vanillezucker. Auch eine Prise Salz gehört hinein. Süßen kannst du entweder mit 80 g Puderzucker oder mit 50 g Honig. Achte darauf, dass die Masse nicht heißer wird als 40 Grad. Am Ende gibst du entweder Nüsse oder getrocknete Früchte dazu. Auch Cornflakes passen gut zur Schokolade. Die flüssige Schokolade gießt du in eine Form und lässt sie kalt werden. Die Schokolade kann man sowohl selbst essen als auch verschenken.

1 Im Text kommen die zweiteiligen Konjunktionen **entweder … oder** und **sowohl … als auch** vor.
- a. Finde die Konjunktionen. Markiere beide Teile.
- b. Markiere auch die Wortgruppen, auf die sich die beiden Konjunktionen beziehen.
  Tipp: Ein Beispiel ist bereits markiert.

2 a. Schreibe die Konjunktionen aus dem Text in die Tabelle.
b. Schreibe die markierten Wortgruppen dazu.

Merkwissen

Entweder … oder drückt aus, dass es eine Auswahl gibt. Dabei entscheidet man sich für *das Eine oder das Andere.* **Sowohl … als auch** ist eine verbindende Konjunktion und ersetzt in vielen Fällen die Konjunktion **und**.

Konjunktion	Bezugswörter	Konjunktion	Bezugswörter
entweder	*100 g Kakaobutter*	*oder*	*die gleiche Menge Kokosfett*

3 Ergänze in den Sätzen die Konjunktionen **sowohl … als auch** und **entweder … oder**.

Das Training findet *entweder* auf dem neuen Sportplatz *oder* in der Halle statt.

Hanna mag ________ Schokolade ________ Popcorn.

Wir verbringen die Herbstferien ________ an der Ostsee ________ zu Hause.

Morgen fahre ich ________ mit dem Bus ________ mit dem Fahrrad.

Im Zoo gibt es ________ Wildtiere ________ Nutztiere.

Der Textknacker

Der Sachtext auf den folgenden Seiten informiert dich über den Anbau von Ölpalmen in Regenwaldgebieten. Mit dem Textknacker knackst du den Text.

Der Sachtext ist in zwei Teile gegliedert.

Bearbeite folgende Textknackeraufgabe:
- Lies den Teil 1 des Textes.
- ? Beantworte diese Fragen:
  - Welche Probleme treten beim Anbau von Ölpalmen auf?
  - Wodurch werden sie verursacht?
- Veranschauliche deine Antworten in einer Mindmap.

Z Du kannst zusätzlich diese Aufgabe bearbeiten:
- Lies auch den Teil 2 des Textes.
- Nimm Stellung zu dieser Frage:
  Löst ein ökologischer Anbau von Ölpalmen die Probleme der Palmölgewinnung?

1. Schritt: Vor dem Lesen

1. Vor dem Lesen
2. Das erste Lesen
3. Den Text genau lesen
4. Nach dem Lesen

1 a. Sieh dir den Sachtext auf den Seiten 6 und 7 als Ganzes an.
- Worauf fällt dein Blick als Erstes?
- Was ist auf den Bildern dargestellt?
- Wie heißt die Überschrift?

b. Worum geht es vermutlich? Schreibe es auf.

Jn dem Text geht es vermutlich

2. Schritt: Das erste Lesen

2 a. Überfliege den Sachtext oder lies ihn einmal still.
b. Überprüfe deine Vermutung aus Aufgabe 1.
c. Was könntest du an dem Sachtext interessant finden? Welche Fragen hast du? Schreibe Stichworte und Fragen auf.

3. Schritt: Den Text genau lesen

3 Lies den Sachtext nun genau und in Ruhe.
Tipp: Zum Text gehören auch die Bilder und die Grafiken.

Palmöl – eine Gefahr für den Regenwald?

Teil 1

Frucht der Ölpalme

1 Palmöl steckt in jedem zweiten Produkt, das im Supermarkt angeboten wird, z. B. in Pizza, Eiscreme, Schokolade, Tütensuppen und Kindernahrung. Auch in Kosmetika, Seife, Waschmitteln und Kerzen ist es enthalten. Jährlich werden über 50 Millionen Tonnen[1] Palmöl produziert. Es ist billig herzustellen, denn die Ölfrüchte wachsen schnell nach. Aber nicht nur für Lebensmittel, Körperpflegeprodukte und Waschmittel wird Palmöl verwendet. In Europa und in den USA wird es auch für die Strom- und Wärmeproduktion sowie als Biotreibstoff[2] in Kraftfahrzeugen eingesetzt.

Palmölproduktion 2012

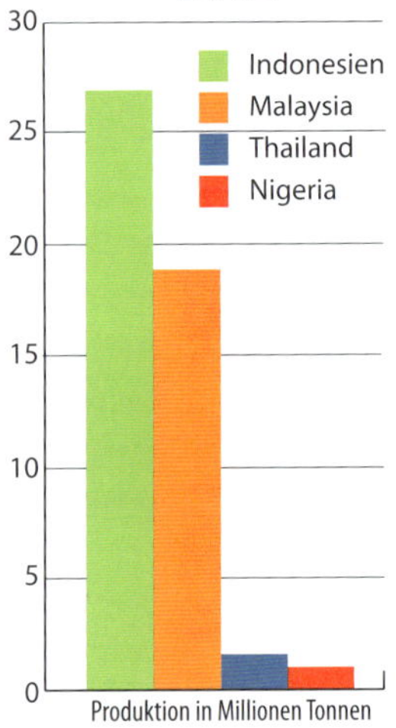

2 Palmöl ist das meistgenutzte Pflanzenöl auf der Welt. Gewonnen wird es aus den Früchten der Ölpalme. Sie enthalten eine orangefarbene Flüssigkeit, die nach Veilchen duftet und leicht süßlich schmeckt. Die Ölpalmen gedeihen im tropischen Klima und werden überwiegend in Indonesien und Malaysia angebaut, weltweit auf einer Fläche von zwölf Millionen Hektar[3]. Dies entspricht einem Drittel der Größe Deutschlands. Auf der Insel Borneo, deren Süden zu Indonesien und deren Norden zu Malaysia gehört, wurden zum Beispiel 27 % des in den Jahren 2007 und 2008 gerodeten Regenwaldes in Palmölplantagen umgewandelt. Dichter Waldbestand mit vielfältigen Pflanzen wurde dafür gefällt oder abgebrannt. Zahlreiche Tierarten verloren ihren Lebensraum, z. B. Orang-Utans und Tiger, die heute schon vom Aussterben bedroht sind. In den Gebieten mit schnurgeraden Monokulturen[4] finden sie keinen Platz mehr zum Leben.

Palmölimport 2012

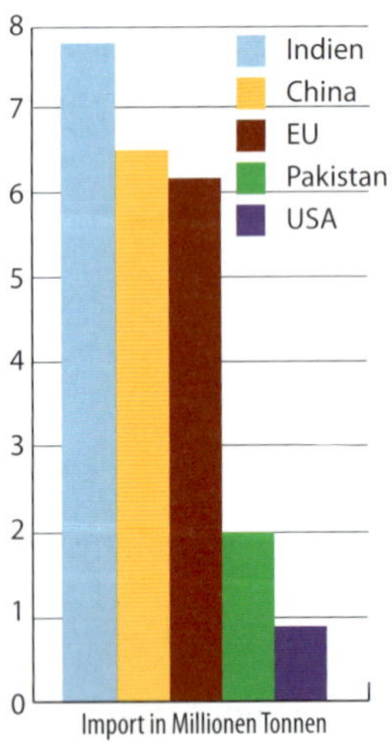

(Quelle: OVID Verband der ölsaatenverarbeitenden Industrie in Deutschland e. V. 2013)

3 In den Plantagen werden zudem Dünger und Pestizide[5] eingesetzt, um möglichst hohe Erträge zu erzielen. Durch den Regen gelangen die Pestizide ins Grundwasser und in die Flüsse. Die Monokulturen bringen aber auch für die Betreiber und Plantagenbesitzer Nachteile mit sich: Ohne den Schatten hoher Bäume trocknet der Boden schnell aus und durch die Wassermassen in der Regenzeit kommt es zu Bodenerosionen. Das Regenwasser kann nicht mehr versickern und spült den fruchtbaren Boden mit sich fort.

1 **1 Tonne:** 1000 kg
2 **der Biotreibstoff:** z. B. Biodiesel, wird aus pflanzlichen Ölen gewonnen
3 **1 Hektar (ha):** eine Fläche von 10 000 m². Ein Quadratkilometer umfasst 100 ha.
4 **die Monokultur:** der Anbau von immer derselben Pflanzenart auf derselben Fläche
5 **das Pestizid:** das Schädlingsbekämpfungsmittel

Gerodeter Regenwald auf Borneo

4 Die Nachfrage nach Palmöl steigt sowohl für die Produktion von Lebensmitteln als auch für die Gewinnung von Energie weiter stark an. Die Palmölplantagen verdrängen also weiterhin wertvolle Regenwaldflächen, zum Teil durch Brandrodung. Dadurch entsteht ein weiteres Problem: Regenwald wächst auf Torfböden und Torf ist brennbar. Also werden durch die Brandrodung große Mengen an schädlichen Treibhausgasen freigesetzt – mit negativen Folgen für das Klima auf der Erde.

Ölpalmenplantage auf Borneo

5 Mittlerweile wird jedoch immer mehr über eine nachhaltige Bewirtschaftung der Ölpalmenplantagen nachgedacht, in der auch die Regenwälder erhalten bleiben. Eine Möglichkeit dafür ist die Kombination mit anderen Nutzpflanzen, um den Boden vor Erosion zu schützen und das Wachstum von Unkraut zu vermindern. Wenn die Palmen eine gewisse Höhe erreicht haben, werden Süßgräser gepflanzt, die dann von Rindern abgegrast werden. Die Kehrseite dieses Vorgehens: Die Erträge an Ölfrüchten fallen geringer aus, Nährstoff- und Wasserverbrauch erhöhen sich. Lösungen scheinen also schwierig zu sein.

Du liest den Teil 2, wenn du zusätzlich die Z-Aufgabe bearbeitest.

Z Teil 2

Nachhaltig angelegte Plantage

6 Als gelungenes Beispiel für einen nachhaltigen Ölpalmenanbau wird häufig das Unternehmen Daabon Organic in Kolumbien genannt. Dort wird z. B. der Boden unterhalb der Palmen durch eine Krautschicht gegen Erosion geschützt. Die Palmen werden erst nach etwa 20 Jahren gefällt, denn die älteren Palmen bieten durch ihre ausladenden Kronen reichlich Schatten. Tiere können so geeigneten Lebensraum finden. Das Unternehmen bietet zudem den Beschäftigten feste Arbeitsverträge und damit ein geregeltes Einkommen. Aber auf Grund der weltweit steigenden Nachfrage nach Palmöl könnte auch Daabon Organic seine Anbauflächen erweitern wollen. Und dies könnte auf Kosten der Menschen gehen, die dort leben. Denn bei der Erschließung neuer Anbauflächen in anderen Regionen werden regelmäßig die Landrechte der Kleinbauern und der einheimischen Bevölkerung missachtet. Auch der hohe Wasserverbrauch der Ölpalmen ist nach wie vor ein Problem. Weil das natürliche Wasser nicht ausreicht, werden auch Grundwasservorräte genutzt, wodurch der Grundwasserspiegel sinkt. In der Folge steht den angestammten Bauern für ihre Felder nicht mehr genügend Wasser zur Verfügung.

Weiter mit dem 3. Schritt: Den Text genau lesen

Absätze gliedern den Text.
Was in einem Abschnitt steht, gehört inhaltlich zusammen.

4 Schreibe über jeden Absatz eine passende Zwischenüberschrift.

Schlüsselwörter sind zum Verstehen besonders wichtig.
Im ersten Absatz sind die Schlüsselwörter hervorgehoben.

5 Finde auch in den anderen Absätzen Schlüsselwörter. Markiere sie im Text.

Manche Wörter werden im Text oder unter dem Text erklärt.

6 Im Absatz **3** wird das Wort „Bodenerosion" im Text erklärt.
Schreibe eine Erklärung mit eigenen Worten auf.
Tipp: Nutze zusätzlich den Lexikoneintrag am Rand.

> Erosion, die (lat.), die Erosionen:
> 1. zerstörende Wirkung auf die Erdoberfläche, z. B. durch Eis, Wind oder Wasser
> 2. Gewebeschaden an der Haut, an Schleimhäuten oder am Zahnschmelz

7 Welche fünf Wörter werden unten auf Seite 6 erklärt?
a. Schreibe sie untereinander auf.
b. In welchen Sätzen kommen die Wörter vor? Markiere sie im Text.
c. Lies die Erklärungen unter dem Text genau.
d. Schreibe die Erklärungen neben die Wörter.
Tipp: Wenn du ein weiteres Wort nicht verstehst, schlage es im Wörterbuch nach.

8 Was bedeutet „nachhaltige Bewirtschaftung"?
a. Lies noch einmal den Absatz **5**.
b. Erkläre den Begriff „nachhaltige Bewirtschaftung" mit eigenen Worten.

Zum Text gehören auch zwei Grafiken. Sie geben zusätzliche Informationen.

9 Sieh dir die Grafiken auf Seite 6 an.
- a. Lies die Überschriften der Grafiken.
- b. Zu welchen Textstellen in den Absätzen **1** und **2** passen die Informationen der Grafiken? Markiere sie im Text.

10 Sieh dir die beiden Grafiken genauer an.
- Was zeigen die Säulen an?
- Welche Informationen erhältst du über die Produktion und über den Import (die Einfuhr) von Palmöl? Schreibe die Informationen auf.

Produktion:

Import:

4. Schritt: Nach dem Lesen

Du veranschaulichst deine Ergebnisse mit Hilfe einer Mindmap.

11 Welche Probleme treten beim Anbau von Ölpalmen auf? Wodurch werden sie verursacht?
- a. Lies noch einmal deine Schlüsselwörter und die Ergebnisse zu den Aufgaben 4 bis 10.
- b. Übertrage die Mindmap auf ein DIN-A4-Blatt.
- c. Ergänze sie mit deinen Informationen.

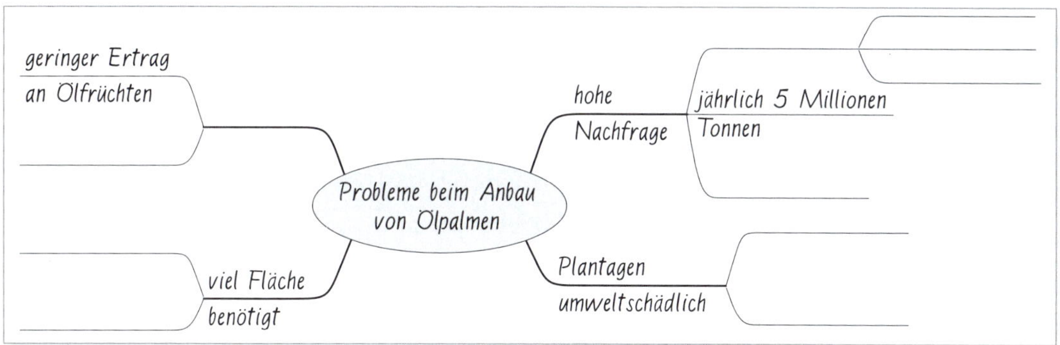

Z **12** Nimm Stellung zu dieser Frage: Löst der nachhaltige Anbau von Ölpalmen die Probleme der Palmölgewinnung?
- a. Beziehe dich auf den Teil 2 des Textes.
- b. Begründe deine Meinung in einem kurzen zusammenhängenden Text. Schreibe in dein Heft.

Stichworte notieren

Sachtexte enthalten oft viele Informationen. Mit Hilfe von Stichworten kannst du die Informationen ordnen und in knapper Form notieren.

Kakaofrucht mit Kakaobohnen

Der Kakaobaum

Der Kakaobaum ist mit 20 Arten in den Tropenwäldern Amerikas vertreten. Er ist ein kleiner, vier bis zehn Meter hoher Baum mit horizontal abstehenden Ästen, die eine dichte Krone bilden. Seine immergrünen Blätter sind circa 30 Zentimeter lang, von glänzend dunkelgrüner Farbe. Die circa ein Zentimeter großen, gelblichen Blüten mit fünf Blütenblättern entstehen das ganze Jahr über am blattlosen Stamm des Baumes. Die Blüten öffnen sich nur für wenige Stunden und werden während dieser Zeit von Läusen und Ameisen bestäubt. Nach der Befruchtung dauert es circa sechs Monate, bis die Kakaofrüchte ausgereift sind. Es bilden sich die 15 bis 20 Zentimeter langen Früchte, darin liegen 25 bis 60 Kakaobohnen.

1 Worüber informiert der Sachtext?
Schreibe einen Satz auf.

Den einzelnen Informationen kannst du Teilthemen zuordnen.

2 Worüber informiert der Sachtext im Einzelnen?
a. Lies die Teilthemen am Rand.
b. Markiere im Sachtext die passenden Informationen mit der entsprechenden Farbe.

Teilthemen
~~Heimat:~~
Größe:
Blätter:
Blüten:
Bestäubung:
Früchte:

3 Bereite einen Stichwortzettel vor.
Schreibe zunächst die Teilthemen aus Aufgabe 2 untereinander auf die Schreibzeilen.
Tipp: Setze vor jedes Stichwort einen Spiegelstrich.

Der Kakaobaum
- Heimat:

Stichworte helfen dir, Informationen schnell und platzsparend zu notieren.
So kannst du vorgehen:

Tipp 1: **Verwende Ziffern, zum Beispiel „2" statt „zwei".**

4 Schreibe die ausgeschriebenen Zahlen als Ziffern auf.

vier bis zehn Meter: ______________ m ein Zentimeter: ______________ cm

fünf Blütenblätter: ______________

Tipp 2: **Verwende Abkürzungen, zum Beispiel „Std." statt „Stunden".**

Std.
z. B.
ca.
z. T.
S.
usw.

5 Schreibe die hervorgehobenen Wörter als Abkürzungen auf.

für wenige **Stunden**: ______________ **zum Beispiel**: ______________

circa 30 Zentimeter: ______________ **zum Teil**: ______________

auf **Seite 1**: ______________ Läuse, Ameisen **und so weiter**: ______________

Tipp 3: **Verwende einen Pfeil →, wenn etwas zeitlich oder logisch folgt.**

6 Ergänze die hervorgehobenen Stichworte auf der Schreiblinie.
Kennzeichne die zeitliche Abfolge mit einem Pfeil.

Nach der **Befruchtung** dauert es **circa sechs Monate**, bis die **Kakaofrüchte ausgereift** sind.

Befruchtung → ca. 6 Monate Kakaofrüchte ______________

Tipp 4: **Verwende die Grundform, wo es möglich ist.**

7 Ergänze in den folgenden Stichworten die Adjektive in der Grundform.

Blätter von glänzend **dunkelgrün**er Farbe – *Blätter: glänzen* ______________

große, **gelb**liche Blüten – *Blüten:* ______________

15 bis 20 Zentimeter **lang**e Früchte – *Früchte:* ______________

Tipp 5: **Lass die Artikel bei den Nomen weg.**

8 a. Streiche den Artikel durch.
b. Formuliere Stichworte.

Die Blüten öffnen sich nur für wenige Stunden.

____

9 Ergänze deinen Stichwortzettel aus Aufgabe 3.
Schreibe zu jedem Teilthema Stichworte auf.
Nutze deine Ergebnisse aus den Aufgaben 4 bis 8.

Der Aufgabenknacker

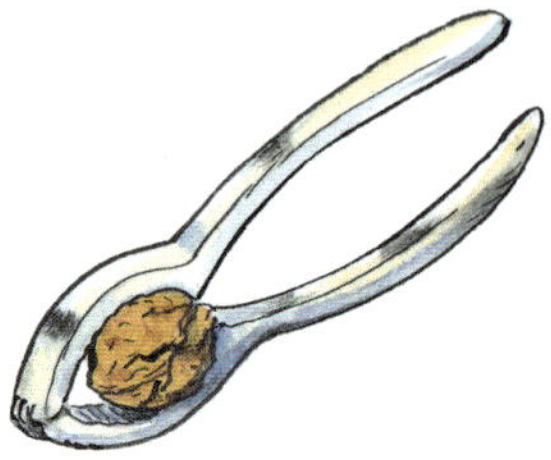

Bevor du eine Aufgabe löst, musst du sie genau analysieren.

1. Schritt: Du liest die Aufgabe genau.

1 Lies die Aufgabe und die Einleitung mehrmals in Ruhe und Satz für Satz.

Die Klasse 9 b hat zum Thema „Moderne elektronische Medien" eine Ausstellung gestaltet. Die Besucher sollen in einem Flyer wichtige Informationen zu dem Thema bekommen.

Einleitung der Aufgabe

Aufgabe: Verfasse auf der Grundlage der Materialien M 1 bis M 5 einen informierenden Text über die Nutzung moderner Medien. Schreibe nicht einfach aus den Materialien ab, sondern formuliere einen zusammenhängenden Text.

Schreibaufgabe

A Beschreibe in der Einleitung, was moderne elektronische Medien sind.
B Stelle dar, wie diese Medien im Alltag genutzt werden.
C Vergleiche die Nutzung elektronischer Medien im Jahr 2000 mit der Nutzung im Jahr 2012.
D Erläutere an Beispielen, welche Probleme im Umgang mit den modernen Medien auftreten können.
E Schlussfolgere, wie die Entwicklung der Mediennutzung weitergehen könnte.
F Formuliere für deinen Text eine passende Überschrift.
G Notiere unter deinem Text, welche Materialien du benutzt hast.

Teilaufgaben

Die Aufgabe besteht aus drei Abschnitten.
Die Einleitung der Prüfungsaufgabe nennt dir den Schreibanlass.

2 Finde Antworten auf folgende Fragen. Notiere Stichworte.
- Wofür sollst du den Text schreiben?
- Für wen sollst du schreiben?

Die Schreibaufgabe sagt dir, was du tun sollst.

3 Beantworte die folgenden Fragen in Stichworten.
- Was sollst du tun?
- Welches Thema sollst du bearbeiten?
- Woher bekommst du die Informationen?

2. Schritt: Du überlegst: Was gehört alles zur Aufgabe?

Die Aufgabe besteht aus Teilaufgaben. Jede Teilaufgabe musst du verstehen.

4 a. Lies die Teilaufgaben noch einmal genau.
b. Die Aufforderungsverben sagen dir, was du tun sollst.
Markiere sie in allen Teilaufgaben.
c. Markiere in allen Teilaufgaben auch die Schlüsselwörter.

3. Schritt: Du gibst die Aufgabe mit eigenen Worten wieder.

5 Was wird von dir verlangt?
Gehe bei jeder Teilaufgabe A bis F so vor:
- Lies zuerst die Teilaufgabe.
- Schreibe das Aufforderungsverb im Infinitiv auf.
- Ergänze dann mit Hilfe deiner Schlüsselwörter den Lückensatz.

A ______ : *Jch soll in der Einleitung genau wiedergeben, was* ______ *sind.*

B *darstellen* : *Jch soll aufschreiben, wie* ______ *von verschiedenen Menschen genutzt werden.*

C ______ : *Jch soll dann Gemeinsamkeiten und Unterschiede bei der Mediennutzung in den* ______ *aufzeigen.*

D ______ : *Jch soll mit Hilfe von Beispielen veranschaulichen, welche* ______ *auftreten können.*

E ______ : *Zum Schluss soll ich aus meinen Jnformationen Vermutungen ableiten, wie* ______ *der Mediennutzung in der Zukunft sein könnte.*

F ______ : *Jch soll für meinen Text* ______ *finden und diese über meinen Text schreiben.*

6 Die Teilaufgabe G kannst du selbstständig wiedergeben.
a. Schreibe zuerst das Aufforderungsverb im Infinitiv auf.
b. Formuliere eine Erklärung für die Teilaufgabe. Schreibe einen Satz auf.

G ______ : ______

Das Partizip II bei trennbaren Verben

Hitparaden und Charts

Hitparaden sind schon seit langem bei den Radiostationen beliebt. Sie wurden in den 1930er-Jahren in den USA eingeführt. Einige Sender haben damals angefangen, die beliebtesten Musiktitel zu ermitteln. Diese haben sie dann jede Woche ausgestrahlt. Dadurch haben sie viele Menschen dazu angeregt, sich die Schallplatten mit den Hits zu kaufen. Ein Titel wurde zum Nummer-eins-Hit, wenn er mindestens eine Woche lang den ersten Platz einer Hitparade eingenommen hatte. Heute stellt die Musikindustrie die Hits in den Charts zusammen. Die Musiktitel werden nicht mehr ausschließlich auf Tonträgern wie Schallplatten oder CDs verkauft, sondern auch über die Musikportale im Internet.

1 Im Text kommen Partizipien II von trennbaren Verben vor, die mit **ge** gebildet werden.
Finde die Partizipien II und markiere sie.
Tipp: Ein Partizip II ist bereits markiert.

Merkwissen

Einige Verben sind zusammengesetzt.
Im **Partizip II** stehen beide Teile des Verbs zusammen, dazwischen steht **-ge-**:
austauschen – aus**ge**tauscht

2 a. Schreibe die Partizipien II aus Aufgabe 1 in die Tabelle.
b. Ergänze den Infinitiv und die Verbform im Perfekt mit einem Personalpronomen.
c. Markiere **ge** im Partizip II.

Verb im Infinitiv	Partizip II	Verb im Perfekt
einführen	*eingeführt*	*er/sie hat eingeführt*

3 a. Bilde von den Verben am Rand das Partizip II.
Schreibe die Partizipien auf.
b. Bilde mit den Partizipien jeweils einen Satz.
Schreibe die Sätze in dein Heft.

vorstellen, austauschen, abschicken, herausfinden, zugreifen, zusammenstellen

Starthilfe

Die Band hat letzte Woche ihr neues Album vorgestellt.

Einen informierenden Text schreiben

Viele Abfälle können wiederverwertet werden, manche machen sogar Musik.

1 a. Lies die folgende Aufgabe genau.
b. Markiere die Aufforderungsverben und die Schlüsselwörter.

→ Der Aufgabenknacker: hintere Umschlagseite

Deine Schule plant eine Schülerzeitung zum Thema „Recycling und Upcycling".
Du bist gebeten worden, einen Artikel für die Zeitung zu verfassen.

Aufgabe: Schreibe einen informierenden Text zum Thema „Instrumente aus wiederverwertbaren Materialien". Deine Grundlage sind die Materialien M 1 bis M 5. Schreibe nicht einfach aus den Materialien ab, sondern achte auf eine eigenständige Darstellung in einem zusammenhängenden Text.

A Beschreibe in der Einleitung, was in Deutschland mit dem Hausmüll geschieht.
B Erkläre, was die Begriffe Recycling und Upcycling bedeuten.
C Erläutere an zwei Beispielen, wie Upcycling beim Bau von Musikinstrumenten funktionieren kann.
D Fasse im Schlussteil zusammen, was dich an dem Thema am meisten interessiert.
E Formuliere für deinen Text eine passende Überschrift.
F Notiere unter deinem Text die von dir genutzten Materialien.

2 Lies die Materialien M 1 bis M 5 mit den Textknacker-Schritten 1 bis 3.

1. Vor dem Lesen
2. Das erste Lesen
3. Den Text genau lesen

M1 Das etwas andere Schulorchester

Ein Bericht von Saida K. und Ercan D.

1 Am letzten Tag der Projektwoche zum Thema „Modernes Recycling" stellten die Gruppen ihre Ergebnisse in der Pausenhalle vor. Plötzlich ertönten ungewöhnliche Rhythmen, die sofort viele Zuhörer anlockten. Zehn Schülerinnen und Schüler der fünften bis zehnten Klassen spielten dort auf ihren selbst gebauten Instrumenten.

2 Thilo hatte sich eine alte Waschschüssel aus gelbem Kunststoff umgehängt und trommelte mit einem Paukenschlägel auf den Boden der Schüssel. Soraia hatte an einem Holzring viele unterschiedlich große Metalldeckel aus alten Dosen befestigt. Dieses Instrument bewegte sie wie ein Tamburin auf und ab. Cajo trug einen Gürtel, an dem kurze und lange Rohre hingen. Solche Rohre kennt man aus dem Baumarkt. Mit einer schwarzen Kunststoffscheibe schlug er oben auf die Öffnungen der Rohre. Esra, Kim und Ali hatten aus verschieden langen Papp-, Kunststoff- und Metalldosen Sambarasseln gebaut. Die Dosen waren mit Reis und getrockneten Erbsen gefüllt und mit Aluminiumdeckeln verschlossen. Elpida und Georg hatten die Rasseln kunstvoll bemalt, sodass jede von ihnen einzigartig war. Bei ihrem Auftritt wurden die jungen Musikerinnen und Musiker von den Sambatänzerinnen und Sambatänzern der Tanz-AG begleitet. In ihren selbst geschneiderten Kostümen aus bunten Kunststofffolien begeisterten auch sie das Publikum.

M2 Die Welt schickt uns Müll, wir antworten mit Musik

Volker Thomas

1 Das Cello war einmal ein Ölkanister, die Klarinette ein Abflussrohr und die erste Geige eine Konservendose. Das ungewöhnlichste Orchester der Welt spielt auf Instrumenten aus Müll. Der Musiklehrer Favio Chavez hatte die Idee, der Instrumentenbauer Nicolas Gomez steuerte sein handwerkliches Geschick bei. In ihrem Wohnviertel am Rande von Paraguays[1] Hauptstadt Asunción gründeten sie 2006 das „Müllorchester".

Konzert in Asunción, Juni 2013

2 Jugendliche musizieren auf Instrumenten, die Nicolas Gomez aus weggeworfenen Gegenständen gebaut hat. Er hat sie auf dem Müllplatz neben seinem Stadtviertel gefunden. Ein Blech reicht ihm für den Klangkörper einer Geige. Die Klarinette, die einmal ein Stück Rohr war, bekommt Klappen aus Kronkorken. Für eine Gitarre schweißt er zwei flache Dosen zusammen. „Die Welt schickt uns ihren Müll, wir antworten mit Musik", sagt Favio Chavez.

3 Die Kinder und Jugendlichen sind mit Feuereifer dabei. In dem Viertel, in dem 2500 Familien ohne zentrale Wasser- und Stromversorgung leben, gibt es sonst kaum Abwechslung. Maria, eines der jungen Talente, sagt: „Ich liebe die Musik über alles. Das Orchester ist das Schönste, was mir in meinem Leben passiert ist." Und Lehrer Favio Chavez ergänzt: „Die Musik gibt ihnen ein Selbstwertgefühl, jetzt werden sie wahrgenommen und bewundert."

4 Für eine Tournee ins Ausland erhalten die jungen Musiker zum ersten Mal einen amtlichen Pass mit Visum. Inzwischen bekommt das Orchester Auftrittsangebote aus Brasilien, Kolumbien, Panama und den USA. Die Reisen werden durch Spenden finanziert. Für die Jugendlichen heißt das, dass sie zum ersten Mal eine Chance haben, ihr Viertel zu verlassen und etwas anderes zu sehen. Wo immer sie hinkommen, ernten sie Begeisterung – und viele ihrer Fans schenken ihnen mittlerweile auch herkömmliche Instrumente.

[1] **Paraguay** [sprich: paragwai]: ein Staat in Südamerika. Paraguay grenzt im Osten an Brasilien, im Süden und Westen an Argentinien und im Norden und Westen an Bolivien.

M3 Zwei Lexikoneinträge

Recycling: Wertstoffe, die schon einmal genutzt wurden, werden wiederverwendet. Ziel ist es, dadurch Müll zu vermeiden. Aus den Abfällen werden neue, meist ähnliche Produkte hergestellt. Recycling findet vor allem bei Glas, Papier, Karton, Metallen und Kunststoffen statt.

Upcycling: Aus Abfällen werden neue, meist völlig andere und einzigartige Produkte geschaffen. Ziel ist es, weniger Energie und Rohstoffe zu verbrauchen und Müll zu vermeiden. Aus unbrauchbaren oder kaputten Gegenständen werden zum Beispiel Taschen, Möbel, Schmuck oder Kleidung angefertigt.

M4 Was geschieht mit dem Haushaltsmüll in Deutschland?

Pro Jahr verursacht jeder Einwohner in Deutschland durchschnittlich rund 500 Kilogramm Müll. Der Anteil der Abfälle, der wiederverwertet wird, hat seit 1990 immer weiter zugenommen.

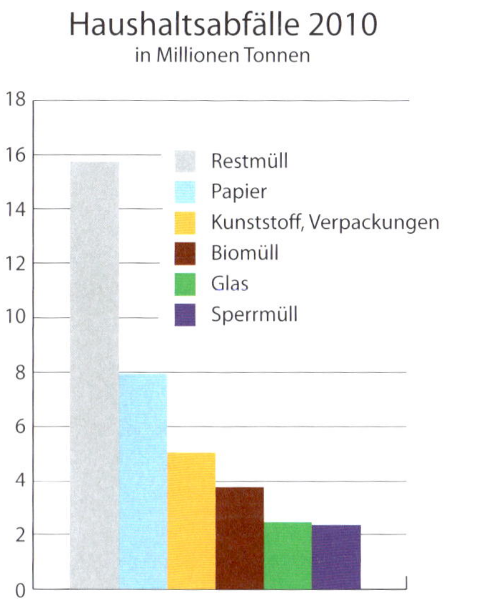

(Quelle: Statistisches Bundesamt, Abfallbilanz 2010, Wiesbaden 2012)

(Quelle: Statistisches Bundesamt, Wiesbaden 2012)

M5 Die Eimertrommel

Zum Bau einer Eimertrommel benötigt man einen alten Eimer. Alle Henkel, Griffe und Etiketten werden abmontiert. Nun kann man das neue Instrument ausprobieren. Man schlägt und trommelt mit der Hand auf den Rand, den Boden oder verschiedene Stellen an den Seiten. Dabei wird man feststellen, dass nicht immer die gleichen Töne entstehen. Man kann den Eimer auch kopfüber stellen und auf den Boden trommeln. Hat man mehrere unterschiedlich große Eimer zur Verfügung, so lassen sich damit schon unterschiedliche Sounds[1] erzeugen. Interessanter aber wird der Klang der Eimertrommel, wenn man durch Anbringen von Klebebändern den Ton beeinflusst. Die schwingende Fläche wird dadurch größer oder kleiner, je nachdem, wo die Klebebänder angebracht werden. Auch können an den Seiten, am Rand oder am Boden weitere Klangmaterialien befestigt werden. So wird jede Eimertrommel zum Unikat[2], das unterschiedliche Geräusche oder Klänge hervorbringt. Alte Löffel oder Kleiderbügel aus Kunststoff können als Drumsticks[3] verwendet werden.

[1] der **Sound** (engl. sound): der Klang
[2] das **Unikat**: ein einmaliges Einzelstück
[3] der **Drumstick** [sprich: dramstik]: Schlägel für Trommel oder Schlagzeug

Du findest wichtige Informationen in den Materialien M 1 bis M 5.

3 Worum geht es in den einzelnen Materialien? Notiere Stichworte.

M 1 ____________________

____

M 2 ____________________

____

M 3 ____________________

____

M 4 ____________________

____

M 5 ____________________

____

Du arbeitest mit dem Inhalt der Materialien M 1 bis M 5 und sammelst Informationen für deinen Text.

4. Nach dem Lesen

zu **M 1**

4 a. Welche Instrumente haben die Schülerinnen und Schüler aus welchen Materialien gebaut? Kreuze die richtigen Antworten an.

- ☐ ein Tamburin aus einem Holzring und Metalldeckeln
- ☐ ein Tamburin aus einem Metallring und Holzkugeln
- ☐ Sambarasseln aus Holz und Pappe
- ☐ Sambarasseln aus Pappe, Kunststoff und Metall
- ☐ ein Instrument aus Rohren
- ☐ ein Instrument aus Schläuchen
- ☐ eine Trommel aus einem Blumentopf
- ☐ eine Trommel aus einer Plastikschüssel

b. Was könnte die Schülerinnen und Schüler veranlasst haben, mit ihrem Sambaorchester aufzutreten? Schreibe deine Vermutung auf.

____

____

____

zu **M 2**

5 Welche Instrumente baut Nicolas Gomez aus welchen Materialien? Kreuze die richtigen Antworten an.

- ☐ eine Klarinette aus zwei Blechbüchsen
- ☐ eine Klarinette aus einem Abflussrohr
- ☐ eine Geige aus einer Konservendose
- ☐ eine Geige aus Plastik
- ☐ eine Gitarre aus einer flachen Dose
- ☐ eine Gitarre aus zwei flachen Dosen
- ☐ ein Cello aus einem Ölkanister
- ☐ ein Cello aus einer Konservendose

Weiter mit dem 4. Schritt des Textknackers.

zu **M 2**

6 Warum spielen die Schülerinnen und Schüler in Asunción in ihrem Orchester mit? Nenne drei Gründe.

zu **M 3**

7 Was unterscheidet Upcycling von Recycling? Erkläre die beiden Begriffe.

zu **M 4**

8 Sieh dir das Säulendiagramm genauer an.

a. Welche Abfälle machen den größten Anteil am Müllaufkommen aus? Kreuze an.

- ☐ Restmüll
- ☐ Sperrmüll
- ☐ Kunststoff, Verpackungen
- ☐ Papier
- ☐ Glas
- ☐ Biomüll

b. Welche Arten von Abfall eignen sich deiner Meinung nach gut für Upcycling?

9 Sieh dir das Schaubild genauer an.

a. Um wie viel Prozentpunkte ist der Anteil des Restmülls an den Haushaltsabfällen zwischen 1990 und 2010 gesunken? Kreuze an.

- ☐ um 50 Prozentpunkte
- ☐ um 35 Prozentpunkte
- ☐ um 42 Prozentpunkte
- ☐ um 63 Prozentpunkte

b. Erkläre, warum im Jahr 1990 vier Müllbehälter dargestellt sind, im Jahr 2004 und 2010 aber fünf.

zu **M 5**

10 Wie kann man den Klang einer Eimertrommel verändern?

Einen zusammenhängenden Text schreiben

Deine Ergebnisse aus den Aufgaben 3 bis 10 kannst du für die Schülerzeitung in einem zusammenhängenden Text aufschreiben.

1 Was ist deine Schreibaufgabe?
a. Lies noch einmal die **Aufgabe** auf Seite 15.
b. Lies noch einmal deine Markierungen aus Aufgabe 1 b, Seite 15.

2 Schreibe die Einleitung.

Einleitung

a. Schreibe einen ersten Satz, der deine Leser neugierig macht.
b. Schreibe insgesamt vier oder fünf vollständige Sätze auf.
Tipp: Beachte die Teilaufgabe A von Seite 15.
Du kannst Satzanfänge vom Rand verwenden.

Wer weiß schon, dass …?
Wer hat schon einmal …?
Musik aus Müll habe ich / ist …
Es stimmt / stimmt nicht, dass …
Ich möchte zeigen / darüber schreiben, dass / was / warum / wie …

3 Schreibe nun Absatz für Absatz den Hauptteil.

Hauptteil

a. Bearbeite dazu sorgfältig die Teilaufgaben B und C von Seite 15.
Tipps: Welche Informationen brauchst du für deinen Text?
Markiere sie auf den Seiten 15–19.
Überlege immer wieder:
Wie kannst du die Informationen mit eigenen Worten wiedergeben?
Wo kannst du deine eigene Meinung dazuschreiben?
b. Schreibe den Hauptteil deines Textes zusammenhängend auf ein extra Blatt.
Tipp: Verwende in deinem Text passende Textverknüpfer.

Wenn man …, dass …; einerseits …, andererseits …, teils …, teils …; wie die Beispiele zeigen, …; … kann man jedoch / sogar / mit wenig Aufwand …; man muss nicht …, sondern kann …; …, obwohl …; … aber …

4 Schreibe nun den Schluss. (→ Teilaufgabe D von Seite 15)
a. Fasse deine Erkenntnisse in wenigen Sätzen zusammen.
b. Schreibe auf, was dich an dem Thema am meisten interessiert.

Schluss

Zusammenfassend kann ich sagen, dass …;
Wenn man sich die Beispiele ansieht, dann …;
Besonders interessant finde ich …
Ich wusste vorher/bisher nicht, dass …

5 Schreibe eine passende Überschrift für deinen Text auf. (→ Teilaufgabe E von Seite 15)

6 Schreibe auf, welche Materialien du benutzt hast. (→ Teilaufgabe F von Seite 15)

7 Überarbeite deinen Text für die Zeitung mit Hilfe der Checkliste.

Checkliste: Einen informierenden Text schreiben	*ja*	*nein*
Habe ich in der Einleitung das Thema vorgestellt?		
Habe ich im Hauptteil einen zusammenhängenden Text formuliert?		
Habe ich zum Schluss die wichtigen Informationen zusammengefasst?		
Habe ich meine eigenen Gedanken zum Thema formuliert?		
Habe ich die Aufgaben vollständig bearbeitet?		
Habe ich den Text sachlich und in angemessener Sprache geschrieben?		
Habe ich die Materialien angegeben, die ich genutzt habe?		

Z Ein Schüler sagte nach dem Lesen der Materialien: „Mit Instrumenten aus Müll kann man doch keine richtige Musik machen."

8 Nimm Stellung zu dieser Aussage.

Ich stimme der Aussage zu / nicht zu, denn / weil …
Ich bin derselben / anderer Meinung.
Ich bin der Ansicht, dass …

→ Prüfungsaufgabe: Seiten 74–77

Einwände mit aber und doch

Elisa und Maik sprechen über Computerspiele.

Elisa: Ich habe ein neues Computerspiel, das ist so spannend! Manchmal kann ich gar nicht aufhören zu spielen.
Maik: Ich habe auch einige tolle Spiele. Ich würde manchmal gern den ganzen Nachmittag spielen, doch ich habe auch noch andere Dinge zu tun.
Elisa: Das geht mir genauso.
Maik: Gute Computerspiele machen viel Spaß, aber manche Spiele sind auch die reine Zeitverschwendung.
Elisa: Das stimmt, doch man spielt sie trotzdem stundenlang.

1 Im Text sind drei Hauptsätze durch **aber** und **doch** verbunden.
a. Markiere in jeder Satzreihe die Konjunktion (das Bindewort) **aber** und **doch**.
b. Markiere in diesen Sätzen das gebeugte Verb.
c. Markiere die Kommas mit einem Pfeil.

[Hauptsatz] **, doch** [Hauptsatz] .

Merkwissen
Mit den Konjunktionen **aber** und **doch** kannst du zwei Hauptsätze miteinander verbinden. Du kannst dadurch einen Widerspruch zwischen zwei Aussagen ausdrücken.

2 Bilde aus den Hauptsätzen vier Satzreihen.
a. Verbinde die Sätze mit **aber** oder **doch**. Schreibe die Sätze auf.
b. Markiere das Komma, die Konjunktion und die gebeugte Verbform wie im Beispiel.

Elisa spielt gern Computerspiele.	Sie vergisst dabei oft die Zeit.
Sie verabredet sich mit Freunden zu einer LAN-Party.	Einige gehen lieber zum Tischtennis.
Maik möchte sich ein Computerspiel kaufen.	Das Taschengeld reicht nicht.
Er möchte seine alten Spiele gern verkaufen.	Niemand interessiert sich dafür.

Elisa spielt gern Computerspiele, aber sie vergisst dabei oft die Zeit.

Schriftlich Stellung nehmen

Ganz plötzlich versammeln sich viele Menschen und tun etwas Ungewöhnliches.

1 a. Lies die folgende Aufgabe genau.
b. Markiere die Aufforderungsverben und die Schlüsselwörter.

→ Der Aufgabenknacker: hintere Umschlagseite

Die Schülerinnen und Schüler der Bergschule diskutieren auf ihrer Internetseite über Kinderrechte.

Aufgabe: Schreibe einen Leserbrief für die Internetseite der Schule.
Nimm Stellung zu der Frage: Ist ein Flashmob ein wirksames Mittel, um auf die Rechte von Kindern aufmerksam zu machen?

A Nenne in der Einleitung das Thema und formuliere deine Meinung.
B Begründe deine Meinung mit Argumenten und belege deine Argumente mit Beispielen.
C Beziehe dich auch auf ein Gegenargument und entkräfte es.
D Formuliere eine Schlussfolgerung, in der du etwas vorschlägst oder empfiehlst.

Eine Aktion für die Rechte von Kindern

Paul: Wie können wir die Leute darauf aufmerksam machen, dass es internationale Kinderrechte gibt?

Rania: Lasst uns doch einen Flashmob[1] auf dem Stadtteilfest organisieren! Da erreichen wir eine große Öffentlichkeit. Wir lassen die Kinderrechte auf unsere T-Shirts drucken und studieren einen witzigen Tanz ein.

Paul: Gute Idee! Plötzlich geht die Musik an, wir tanzen los und nach wenigen Minuten ist alles wieder vorbei. Das erregt Aufmerksamkeit, irritiert die Leute und macht auch noch Spaß!

Rania: Und vorher kündigen wir den Flashmob und die Tanzschritte auf unserer Homepage und per Handy an, damit möglichst viele Leute kommen und mitmachen.

1 **der Flashmob** [engl.; sprich: fleschmop]: kurze, überraschende Aktion einer größeren Menschenmenge an einem öffentlichen Ort

2 Beantworte folgende Fragen:
- Welche Aktion planen Rania und Paul?
- Was wollen sie damit erreichen?

Rania und Paul schlagen ihrer Klasse vor, einen Flashmob zu organisieren. Die Schülerinnen und Schüler diskutieren darüber.

☐ Flashmobs sind super! Alle bewegen sich gleichzeitig für eine gute Sache. Das stärkt auch das Gemeinschaftsgefühl!

☐ Flashmobs finde ich überflüssig. Sie bringen nichts und nerven die Leute. Manche fühlen sich sogar belästigt durch so einen Menschenauflauf und die laute Musik.

☐ Flashmobs finde ich zu gefährlich, weil viele Leute unkontrolliert zusammentreffen. Es könnte Panik entstehen.

☐ Flashmob? Das ist doch peinlich! Wenn mich da einer sieht.

☐ Wenn wir viele Menschen auf die Kinderrechte aufmerksam machen können, finde ich die Aktion gut und wichtig.

☐ Solche Aktionen sind etwas Besonderes. Das erregt bestimmt mehr Aufmerksamkeit als ein Infostand oder Plakate.

3 a. Lies die Äußerungen der Schülerinnen und Schüler.
b. Worum geht es in der Diskussion? Schreibe einen Satz auf.

4 Welche Meinungen vertreten die Schülerinnen und Schüler? Kreuze die richtigen Antworten an.

Flashmobs sind:

☐ gefährlich	☐ nervig	☐ überflüssig
☐ wichtig	☐ langweilig	☐ peinlich
☐ aufwändig	☐ interessant	☐ super
☐ gut	☐ störend	☐ etwas Besonderes

5 Welcher Meinung bist du? Kreuze an.

☐ Ein Flashmob kann ein wirksames Mittel sein, um auf die Rechte von Kindern aufmerksam zu machen.
☐ Ein Flashmob kann kein wirksames Mittel sein, um auf die Rechte von Kindern aufmerksam zu machen.

Meinung
Argument
Beispiel

6 Welche Äußerungen aus Aufgabe 3 passen zu deiner Meinung? Kreuze sie an.

Um Stellung zu nehmen, brauchst du Argumente für oder gegen einen Flashmob.

7 Welche Argumente nennen die Schülerinnen und Schüler in den Sprechblasen auf Seite 24?
a. Finde die Argumente **für** einen Flashmob. Markiere sie grün.
b. Finde die Argumente **gegen** einen Flashmob. Markiere sie rot.

8 Welche Argumente sind dir für deine Meinung besonders wichtig?
Schreibe sie in Stichworten auf.
Beginne mit dem schwächsten Argument und schließe mit dem stärksten.
Tipp: Du kannst Argumente von Seite 24 verwenden oder eigene Argumente nutzen.

Du begründest deine Meinung, indem du sie mit Argumenten verknüpfst.

Meinung
Argument
Beispiel

9 Begründe deine Meinung mit Argumenten.
Schreibe vollständige Sätze auf.
- Du kannst deine Stichworte aus Aufgabe 8 nutzen.
- Du kannst die Tabelle nutzen.

Ich bin für einen Flashmob,	weil diese besondere Aktionsform mehr Aufmerksamkeit erregt als ein Infostand oder Plakate.
	da wir dadurch eine breite Öffentlichkeit erreichen können.
	denn er stärkt das Gemeinschaftsgefühl.
Ich bin gegen einen Flashmob,	weil sich die Leute durch diese Aktionsform gestört oder abgeschreckt fühlen können.
	da wir dadurch nichts bewirken können.
	denn diese kurzen Auftritte sind peinlich.

Mit Beispielen kannst du deine Argumente stützen und veranschaulichen. Beispiele können Fakten, Erfahrungen oder persönliche Erlebnisse sein.

10 Welche Beispiele passen zu den Argumenten?
a. Verbinde die Argumente mit passenden Beispielen.
b. Ergänze für das letzte Argument ein eigenes Beispiel.

Meinung
Argument
Beispiel

Argumente	Beispiele
Ein Flashmob kann stören und abschreckend auf die Leute wirken.	Ich habe mal an einem Flashmob teilgenommen. Wir haben uns wie eine große Familie gefühlt.
Durch einen Flashmob wird das Gemeinschaftsgefühl gestärkt.	Bei einem Flashmob in der Stadt war es neulich so laut, dass viele Leute einen Bogen gemacht haben.
Flashmobs bringen für die Rechte von Kindern nichts.	Ich habe oft gesehen, wie die Leute an Infoständen einfach vorbeigingen.
Ein Flashmob ist interessanter als ein Infostand oder Plakate.	Zum Beispiel war beim Tierschutzbund eine solche Aktion sehr erfolgreich. Das kann uns auch gelingen.
Mit einem Flashmob erreichen wir eine breite Öffentlichkeit.	Ich habe auch mal an einem Flashmob teilgenommen. Es hat zwar Spaß gemacht, aber keiner wusste, worum es überhaupt ging.
Ein Flashmob ist als Aktionsform zu gefährlich.	

Du kannst andere überzeugen, wenn du direkt auf ihre Argumente eingehst.

11 Wie kannst du ein Gegenargument entkräften?
a. Wähle ein Argument aus Aufgabe 9 oder 10 aus, das nicht deiner Meinung entspricht.
b. Schreibe dieses Argument auf.
c. Erkläre dann, warum du dieses Argument nicht überzeugend findest.
Tipp: Du kannst die Satzanfänge vom Rand verwenden.

Manche Schüler meinen, dass …
Einige Leute behaupten, dass …
Ich denke jedoch, dass …, weil …
Aber ich bin der Ansicht, dass …
Denn …

Du ordnest deine Argumente in einer Argumentationskette.

12 Bringe deine Argumente in eine sinnvolle Reihenfolge.
a. Wähle aus deinen Argumenten die beiden stärksten aus.
b. Ordne sie zusammen mit den Beispielen in einer Argumentationskette an.
c. Ergänze das Argument aus Aufgabe 11, das du entkräftet hast. Es ist das Argument 3.
d. Formuliere am Ende eine Schlussfolgerung.
e. Notiere deine Argumentationskette hier in Stichworten.

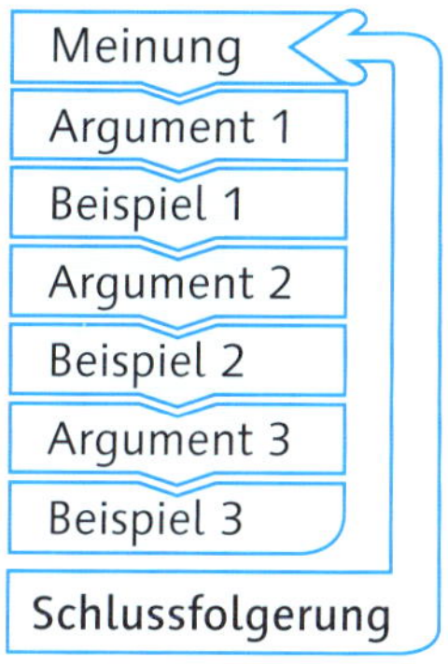

Meinung:

Argument 1:

Beispiel 1:

Argument 2:

Beispiel 2:

Argument 3:

Beispiel 3:

Schlussfolgerung:

Ist ein Flashmob ein gutes Mittel, um auf die Rechte von Kindern aufmerksam zu machen? In einem Leserbrief kannst du deine Meinung darstellen.

13 a. Lies noch einmal die Aufgabe auf Seite 23.
b. An welche Leser richtest du deinen Text? Kreuze an.

☐ an die Schulleitung
☐ an meine Mitschülerinnen und Mitschüler

14 Schreibe eine Einleitung.
• Nenne das Thema.
• Formuliere deine Meinung in vollständigen Sätzen.
Tipp: Du kannst die folgenden Formulierungen verwenden.

Einleitung

Ich möchte meine Meinung zu folgendem Thema darstellen: ... / Ich bin dafür / dagegen, dass ... / Meiner Meinung nach ... / Ich bin der Ansicht, dass ... / Ich vertrete die Meinung, dass ...

Im Hauptteil nennst du deine Argumente und stützt sie mit Beispielen. Du gehst auf ein Gegenargument ein und entkräftest es.

Hauptteil

15 Schreibe den Hauptteil. Schreibe in dein Heft.
- Begründe deine Meinung mit Argumenten.
- Veranschauliche deine Argumente mit Beispielen.
- Gehe auf ein Gegenargument ein und entkräfte es.

Tipp: Nutze deine Argumentationskette aus Aufgabe 12.

Im Schlussteil fasst du deine Aussagen zusammen.

Schluss

16 Schreibe den Schluss.
- Formuliere eine Schlussfolgerung, die sich auf deine Meinung bezieht.
- Was empfiehlst du den Leserinnen und Lesern?
- Was schlägst du vor?

Tipp: Du kannst die folgenden Formulierungen verwenden.

> Nachdem ich mich mit der Frage … beschäftigt habe, kann ich noch einmal betonen, dass … / Es wäre schön, wenn wir … / Zusammenfassend kann ich sagen, dass … / Dazu schlage ich vor, … / Die Frage, ob …, ist also mit … zu beantworten. / Deshalb sollten wir … / Vor allem sollte man genau überlegen, … / Deswegen möchte ich vorschlagen, …

Deinen Leserbrief kannst du mit Hilfe der Checkliste überarbeiten.

17 a. Überprüfe deinen Leserbrief mit Hilfe der Checkliste.
b. Überarbeite deinen Leserbrief. Schreibe ihn in dein Heft.

Checkliste: Schriftlich Stellung nehmen	*ja*	*nein*
Habe ich in der Einleitung das Thema genannt?		
Habe ich meine Meinung in einem vollständigen Satz formuliert?		
Habe ich im Hauptteil meine Meinung mit Argumenten belegt?		
Habe ich meine Argumente mit Beispielen gestützt?		
Habe ich ein Gegenargument entkräftet?		
Habe ich eine Schlussfolgerung formuliert?		
Habe ich zum Schluss etwas vorgeschlagen oder empfohlen?		

→ Prüfungsaufgabe: Seiten 78–81

Einen Leserbrief überarbeiten

Emily hat in ihrem Leserbrief Umgangssprache verwendet.
Er muss noch überarbeitet werden.

Achtung: Fehler!

Bin der Meinung, dass Computerspiele echt okay sind, wenn man nicht zu oft spielt. Gibt nämlich einige coole Spiele, die Spaß machen. Viele sind aber doof. Von den Ego-Shootern wird man z. B. aggressiv und nervös. Den ganzen Tag am PC zu zocken, geht gar nicht, denn man bewegt sich nicht mehr und bekommt Rückenschmerzen. Sieht seine Freunde auch kaum noch. Ich bin der Meinung, dass man sich die Freizeit einteilen soll, nämlich ein bisschen am Computer spielen, die echten Freunde treffen und auch mal etwas Sport treiben. (Emily, 14 J.)

Tipp 1: Vermeide umgangssprachliche Formulierungen.

1 In dem Leserbrief sind umgangssprachliche Wörter und Wortgruppen markiert.
a. Schreibe diese Wörter und Wortgruppen auf.
b. Finde Formulierungen, die in einem Leserbrief geeignet sind. Schreibe sie daneben.
Tipp: Du kannst die Wörter vom Rand nutzen.

echt okay: in Ordnung

in Ordnung, interessant, uninteressant, schlecht, langweilig, gefährlich, ungefährlich, ist nicht gut, hat negative Folgen

Tipp 2: Achte auf vollständige Sätze.

2 Im Text stehen drei unvollständige Sätze. Ihnen fehlt das Subjekt.
Schreibe die Sätze vollständig mit einem passenden Subjekt auf.

ich
du
es
man
wir
ihr

Tipp 3: Verknüpfe deine Sätze logisch miteinander.

3 Im Text ist ein Satz grün markiert.
Verknüpfe ihn logisch mit dem Satz davor.
Wähle eine Formulierung vom Rand aus. Schreibe den Satz auf.

Deswegen meine ich …
Deshalb bin ich der Ansicht …
Ich vertrete daher die Meinung …

4 a. Überarbeite den Leserbrief mit Hilfe der Tipps 1 bis 3.
b. Schreibe den überarbeiteten Leserbrief vollständig in dein Heft.

Eine Kurzgeschichte analysieren

Diesen Montagmorgen im Bus werden die Passagiere nicht so schnell vergessen.

1 a. Lies die folgende Aufgabe genau.
b. Markiere die Aufforderungsverben und die Schlüsselwörter.

→ Der Aufgabenknacker: hintere Umschlagseite

Lies zunächst den Text, bevor du die Aufgaben bearbeitest.
Schreibe einen zusammenhängenden Text.

Aufgabe: Analysiere die Kurzgeschichte „Ein Montagmorgen im Bus" von Pattie Wigand.
Gehe dabei so vor:

A Schreibe eine Einleitung: Nenne darin den Titel der Geschichte und den Namen der Autorin. Schreibe auch auf, worum es in der Geschichte geht.
B Fasse die Geschichte in einer kurzen Inhaltsangabe zusammen. Schreibe nur das Wichtigste.
C Untersuche, aus welcher Perspektive die Kurzgeschichte erzählt wird. Analysiere dabei auch das Verhalten der Figuren in der Geschichte.
D Untersuche, welche Merkmale einer Kurzgeschichte auf diese Geschichte zutreffen. Belege deine Aussagen am Text.

2 Lies die Geschichte mit Hilfe der Textknacker-Schritte 1 bis 3.

Ein Montagmorgen im Bus — Pattie Wigand

1 Es waren drei kleine Wörter, die ein Wunder bewirkten. Als ich in den Bus stieg, schien die Sonne. Bei einem Blick aus dem Fenster des 151ers zeigte sich freilich der Chicagoer Winter von seiner schmutzigsten Seite – kahle Bäume, Schneematsch, die Autos voller Streusalzspritzer.

Winter in Chicago

2 Der Bus fuhr mehrere Kilometer am Lincolnpark entlang, aber niemand schaute hinaus. Wir, die Fahrgäste, saßen in dicken Mänteln dicht nebeneinander und dösten zum eintönigen Rattern des Motors in der stickigen, überheizten Luft. Kein Mensch sprach. Das gehörte zu den ungeschriebenen Regeln des Chicagoer Berufsverkehrs. Zwar begegneten uns jeden Tag dieselben Gesichter, aber wir versteckten uns lieber hinter unseren Zeitungen. Konnte etwas symbolträchtiger[1] sein? Menschen, die nebeneinandersaßen, hielten mit dünnen Bogen Papier Distanz[2].

3 Als sich der Bus den Wolkenkratzerpalästen des Michigan-Boulevards[3] näherte, ertönte plötzlich eine laute Stimme: „Achtung! Achtung!“ Zeitungen raschelten. Hälse reckten sich. „Hier spricht der Fahrer.“ Stille. Alles starrte dem Fahrer auf den Hinterkopf. In seiner Stimme lag Autorität. „Legen Sie alle die Zeitung weg.“ Langsam, zentimeterweise sanken die Blätter. Der Fahrer wartete. Wir falteten die Zeitungen zusammen und legten sie auf den Schoß. „Nun drehen Sie alle den Kopf zur Seite und sehen Sie Ihrem Sitznachbarn ins Gesicht. Na los, auf geht's!“ Erstaunlicherweise gehorchten wir. Noch lächelte niemand. In gedankenlosem Gehorsam folgten wir wie eine Herde. Neben mir saß eine ältere Frau mit einem roten, fest um den Kopf geschwungenen Schal. Ich sah sie fast täglich. Wir blickten uns in die Augen und warteten unbewegt auf die nächste Anordnung. „Jetzt sprechen Sie mir nach …“ Es war ein Befehl, erteilt im Ton eines militärischen Ausbilders: „Guten Morgen, Nachbar!“ Die Stimmen klangen schwach und ängstlich. Bei vielen von uns waren es die ersten Worte, die uns an dem Tag über die Lippen kamen. Doch wir sagten sie wie Schulkinder im Chor zu dem fremden Menschen neben uns.

4 Wir lächelten uns an. Wir konnten nicht anders. Da war zum einen das Gefühl der Erleichterung, dass wir nicht entführt oder ausgeraubt wurden, zum anderen aber auch das leise Empfinden, dass sich hier eine lange unterdrückte allgemeine Höflichkeit Bahn brach. Wir hatten es gesagt, das Eis war gebrochen. Guten Morgen, Nachbar. Eigentlich war es gar nicht so schwer. Einige wiederholten es sogar. Andere gaben sich die Hand. Viele lachten. Der Busfahrer sagte nichts mehr. Es war auch gar nicht nötig. Keine einzige Zeitung wurde wieder hochgenommen. Alle unterhielten sich angeregt. Erst hatten wir zwar den Kopf über den verrückten Kerl von Fahrer geschüttelt, aber nun waren wir alle froh über seinen Einfall. Immer wieder gab es Gelächter, warme sprudelnde Laute, wie ich sie nie zuvor in einem Linienbus gehört hatte.

5 Als wir meine Haltestelle erreichten, sagte ich meiner Nachbarin auf Wiedersehen und sprang vom Trittbrett, um einer Pfütze auszuweichen. An derselben Haltestelle hatten vier weitere Busse angehalten, denen Fahrgäste entstiegen. Die Weiterfahrenden saßen regungslos und stumm da wie Ölgötzen[4]. Anders die Leute in meinem Bus. Als er losfuhr, brachten ihre lebhaften Mienen mich zum Lachen. Der Tag hatte besser angefangen als alle Tage sonst. Ich blickte dem Fahrer nach. Er sah konzentriert in den Rückspiegel, um eine Lücke im Verkehr zu erspähen. Es schien ihm gar nicht bewusst zu sein, welch ein Montagmorgenwunder er da eben vollbracht hatte.

[1] **symbolträchtig:** voller Bedeutung
[2] die **Distanz:** der Abstand
[3] der **Boulevard** [franz.; sprich: buleva]: die breite Straße
[4] der **Ölgötze:** abwertende Bezeichnung für jemanden, der steif und unbeteiligt dasitzt

Die Geschichte kennen lernen

3 Welche Gedanken und Gefühle gehen dir nach dem Lesen der Kurzgeschichte durch den Kopf? Notiere Stichworte.

→ Deine Notizen zur Teilaufgabe A

4 Schreibe den Titel der Geschichte und den Namen der Autorin auf.

5 Markiere im Text wichtige Schlüsselwörter.
Tipp: Am Anfang sind die Schlüsselwörter schon markiert.

6 Worum geht es in den einzelnen Absätzen?
Schreibe neben jeden Absatz eine passende Überschrift.
Tipp: Du kannst die Überschriften vom Rand verwenden.

Die Aufforderung
Das Wunder
Schweigen im Bus
Freundliche Gespräche
Winter in Chicago

7 Schreibe nun in einem Satz auf, worum es in der Geschichte geht.

In der Geschichte

In einer Inhaltsangabe fasst du zusammen, was in der Kurzgeschichte im Einzelnen passiert. Dazu musst du die Handlung der Geschichte verstehen.

→ Deine Notizen zur Teilaufgabe B

8 **a.** Wo findet die Handlung statt? Markiere die Orte im Text.
b. Schreibe auf, wo die Kurzgeschichte spielt.

9 Welche Figuren spielen in der Kurzgeschichte eine wichtige Rolle? Nenne sie.

10 Beantworte die folgenden Fragen in Stichworten.
- Wie verhalten sich die Figuren am Anfang der Geschichte?
- Was passiert plötzlich?
- Wie verhalten sich die Figuren danach?
- Wie endet die Geschichte?

Dem Erzähler folgen

Beim Lesen der Geschichte begleitet dich ein Erzähler durch die Handlung.

→ Deine Notizen zur Teilaufgabe C

1 Was trifft auf die Kurzgeschichte zu? Kreuze die richtigen Antworten an.

- ☐ In der Geschichte erzählt ein Er-/Sie-Erzähler.
- ☐ In der Geschichte erzählt ein Ich-Erzähler.
- ☐ Der Erzähler ist eine Figur in der Geschichte.
- ☐ Der Erzähler ist keine Figur in der Geschichte.
- ☐ Der Erzähler beobachtet nur das Verhalten der anderen Figuren.
- ☐ Der Erzähler erlebt das Geschehen zusammen mit den anderen Figuren.

2 Woran hast du die Erzählperspektive erkannt?

a. Finde zwei wichtige Textstellen.

b. Schreibe die Textstellen auf. Gib dabei auch die Zeilen an.

Am Anfang befinden sich die Figuren noch in einer alltäglichen Situation.

3 Lies noch einmal die Absätze 1 und 2 der Geschichte.

a. Beschreibe, wie die Fahrgäste sich am Anfang der Busfahrt fühlen.

b. Welche Gründe könnte es dafür geben? Belege deine Erkenntnisse mit Textstellen.

4 Gibt es Gemeinsamkeiten zwischen dem Erzähler und den anderen Figuren? Belege deine Antwort mit einer Textstelle.

Der Erzähler beobachtet das Verhalten des Busfahrers und der anderen Fahrgäste.

5 Wodurch wird die Aufmerksamkeit des Erzählers auf den Busfahrer gelenkt?
a. Lies noch einmal Absatz **3** der Geschichte.
b. Kreuze die richtigen Antworten an.

- ☐ Der Busfahrer döst wie die anderen Fahrgäste auch vor sich hin.
- ☐ Der Busfahrer bremst plötzlich.
- ☐ Der Busfahrer macht eine Ansage.
- ☐ Der Busfahrer befiehlt den Fahrgästen, sich gegenseitig zu beschimpfen.
- ☐ Der Busfahrer befiehlt den Fahrgästen, einander freundlich anzuschauen.
- ☐ Der Busfahrer befiehlt den Fahrgästen in strengem Ton, einander zu begrüßen.

6 Wie erleben die Figuren diese neue Situation? Ergänze die Sätze.

blicken, die nächste Anordnung, gehorchen, „Guten Morgen, Nachbar" (Z. 33), ihre Hälse, lächeln, Schulkinder, schwach und ängstlich (Z. 34), Zeitungen

Die Fahrgäste sind zunächst neugierig, recken ________________ und ________________ zum Busfahrer. Allmählich lassen sie ihre ________________ fallen und ________________, ohne zu ________________. Alle warten sie auf ________________. Schließlich folgen sie dem Befehl des Busfahrers und sagen: ________________. Doch ihre Stimmen klingen noch ________________. Denn der Erzähler und die anderen Figuren fühlen sich in dieser Situation wie eingeschüchterte ________________.

7 „Wir hatten es gesagt, das Eis war gebrochen" (Z. 42–43), heißt es im nächsten Absatz.
Beschreibe das Verhalten der Figuren genauer:
Was tun die Fahrgäste? Warum tun sie es? Wie verläuft die Fahrt weiter?

____
____
____
____

8 Der Erzähler spricht von einem Montagmorgenwunder.
a. Finde die Textstelle und markiere sie.
b. Erkläre, was damit gemeint sein könnte.

____
____
____
____

Ein kurzer Augenblick, der etwas verändert

Welche Merkmale hat die Kurzgeschichte?
Der Text sagt es dir.

→ Deine Notizen zur Teilaufgabe D

1 Wie beginnt die Geschichte?
a. Lies dazu noch einmal Absatz 1.
b. Notiere Stichworte zum Handlungsbeginn.

Merkmal
plötzlich
mittendrin

2 Was ist in der Geschichte alltäglich?
a. Finde die Antwort im Absatz 2.
b. Schreibe eine Textstelle auf. Gib auch die Zeilen an.

Merkmal
ein alltägliches Geschehen

3 Wie lange dauert die Handlung ungefähr?
a. Wähle aus: weniger als eine Stunde, mehr als eine Stunde, einen Tag.
b. Schreibe auf, woran man das erkennt.

Merkmal
ein Augenblick –
ein kurzer Ausschnitt aus dem Leben

Die Handlung dauert vermutlich

4 Welchen Wendepunkt gibt es in der Geschichte?
Notiere, was in diesem entscheidenden Moment passiert.

Merkmal
ein entscheidender Moment –
ein Wendepunkt

5 „Es waren drei kleine Wörter, die ein Wunder bewirkten", so beginnt die Geschichte.
a. Finde die „drei kleinen Wörter" im Text. Markiere sie.
b. Erkläre: Was hat dieser Satz mit dem Wendepunkt in der Geschichte zu tun?

Die Interpretation schreiben und überarbeiten

Du hast die Geschichte analysiert. Deine Ergebnisse zu den Teilaufgaben A bis D fasst du in einem eigenen Text zusammen.

1 Schreibe die Einleitung deiner Interpretation.
Tipps: Verwende deine Ergebnisse zu Teilaufgabe A.
Nenne die Textsorte, den Titel und die Autorin der Geschichte.
Schreibe auch, worum es in der Geschichte geht.

Einleitung

2 Schreibe den Hauptteil deiner Interpretation.
Schreibe in dein Heft.

Hauptteil

Tipp 1: Gib am Anfang des Hauptteils das Wichtigste der Handlung wieder.
Verwende deine Ergebnisse zu Teilaufgabe B.
- Wo und wann spielt die Geschichte?
- Wer ist die Hauptperson und welche Personen kommen noch vor?
- Was passiert nacheinander? Was tun die Figuren?
- Was geschieht plötzlich?
- Wie reagieren die Figuren?

Starthilfe
Die Geschichte spielt an einem Montagmorgen in Chicago. …

Tipp 2: Schreibe auf, was du über die Besonderheiten der Erzählperspektive herausgefunden hast.
Verwende deine Ergebnisse zu Teilaufgabe C.
- Wer ist der Erzähler in der Geschichte?
- Woran kann man das erkennen?
- Was verbindet den Erzähler mit den anderen Figuren der Geschichte?

Starthilfe
Die Geschichte hat einen …-Erzähler, der …

Tipp 3: Fasse zusammen, welche besonderen Merkmale diese Kurzgeschichte hat.
Verwende deine Ergebnisse zu Teilaufgabe D.
- Welche Merkmale hast du im Einzelnen gefunden?
- Welche Textstellen kannst du dafür als Beleg anführen?

Starthilfe
Als Leser ist man sofort mitten in der Handlung, denn …

Deine Gedanken kannst du in einem kurzen Schlussteil abrunden.

3 Schreibe zwei bis drei Schlusssätze zu deiner Interpretation. Du kannst aufschreiben: — Schluss

- Was ist deine persönliche Meinung zu der Geschichte?
- Wie hat die Geschichte auf dich gewirkt?

Deine Interpretation kannst du mit Hilfe einer Checkliste überarbeiten.

4 **a.** Überprüfe deine Interpretation mit Hilfe der Checkliste.
b. Überarbeite deine Interpretation. Schreibe sie in dein Heft.

Checkliste: Eine Interpretation schreiben	*ja*	*nein*
Habe ich in der Einleitung Titel, Textsorte, Autor/Autorin und das Thema genannt?		
Habe ich im Hauptteil die wichtigsten Handlungsschritte der Geschichte genannt?		
Habe ich die Erzählperspektive beschrieben?		
Habe ich das Verhalten der Figuren beschrieben?		
Habe ich die Merkmale der Kurzgeschichte am Text belegt?		
Habe ich im Schlussteil meine Gedanken zur Geschichte aufgeschrieben?		

Z **Ein Schüler sagt über die Kurzgeschichte: „Das, was der Busfahrer in diesem Bus gemacht hat, finde ich nicht glaubwürdig. Busfahrer kümmern sich doch kaum um ihre Fahrgäste."**

Z **5** Überlege, ob du dieser Aussage zustimmen kannst oder ob du anderer Meinung bist. Schreibe deinen Standpunkt auf und begründe ihn kurz.

Z **6** Wie könnte die Busfahrt am Dienstagmorgen in der Linie 151 verlaufen? Schreibe eine Fortsetzung der Geschichte aus der Ich-Perspektive. Schreibe in dein Heft.

Starthilfe
Als ich am nächsten Morgen in meinen Bus stieg, …

→ Prüfungsaufgabe: Seiten 82-87

Verben mit Vorsilben

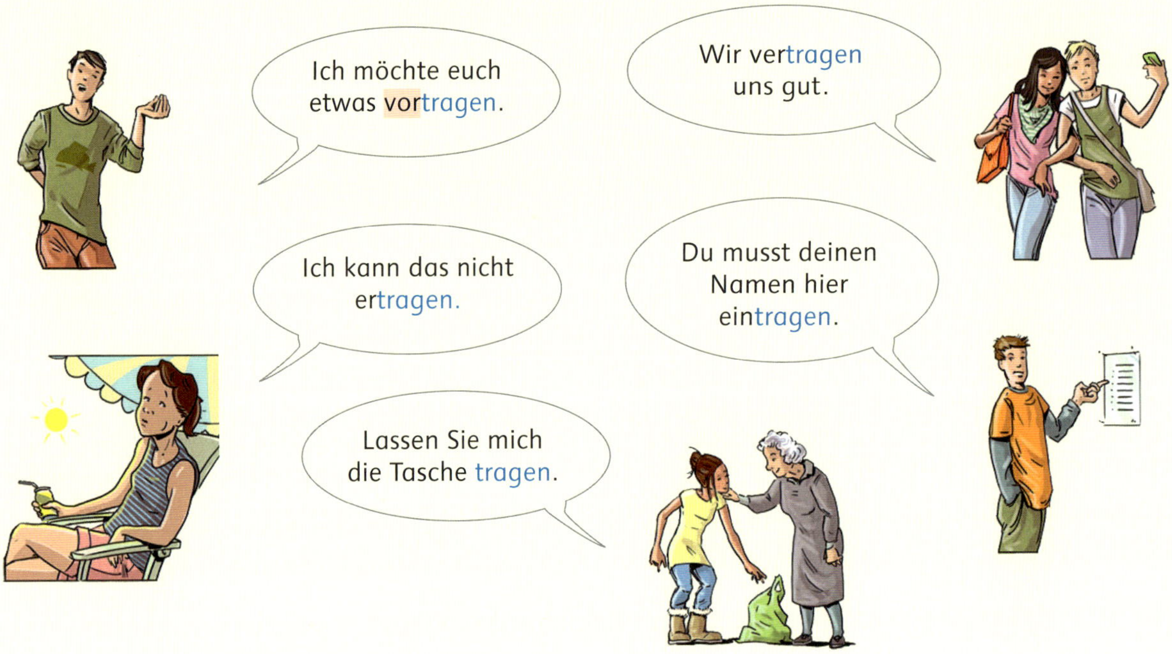

1 In den Sprechblasen ist das Verb **tragen** hervorgehoben.
- a. Markiere die verschiedenen Vorsilben des Verbs.
- b. Schreibe die Verben auf.

vortragen, ______________________________

2 Welche Bedeutung haben die Verben?
Schreibe zu jedem Satz den passenden Satz aus den Sprechblasen auf.
Tipp: Die Bilder helfen dir.

Ich kann das nicht aushalten. *Ich kann das nicht ertragen.*

Wir verstehen uns sehr gut. ______________________________

Lassen Sie mich die Tasche nehmen. ______________________________

Ich möchte euch etwas laut vorlesen. ______________________________

Du musst deinen Namen hier aufschreiben. ______________________________

3 Welches Verb passt in welche Lücke?
Ergänze die Sätze mit einem passenden Verb aus Aufgabe 1.
Tipp: Die Verbformen ändern sich.

Mit seinen Geschwistern ______________ er sich selten gut.

Im Reitstall müssen sich die Jugendlichen in eine Liste ______________.

Nach drei Wochen konnte sie den Gips kaum noch ______________.

Ich nehme die Decke und den Grill. ______________ du bitte den Picknickkorb?

4 Schreibe mit den Verben aus Aufgabe 1 eigene Sätze in dein Heft.

Ein Gedicht analysieren

Du liest das Gedicht „Gemeinsam" von Rose Ausländer.

1 a. Lies die folgende Aufgabe genau.
b. Markiere die Aufforderungsverben und die Schlüsselwörter.

→ Der Aufgabenknacker: hintere Umschlagseite

Lies zunächst das Gedicht mehrmals, bevor du die Aufgaben bearbeitest.

Aufgabe: Analysiere das Gedicht „Gemeinsam" von Rose Ausländer.
Fasse deine Ergebnisse in einem eigenen Text zusammen.
Gehe dabei so vor:

A Nenne in der Einleitung den Titel und die Autorin des Gedichts. Fasse auch kurz zusammen, worum es in dem Gedicht geht.
B Untersuche, welche Rolle das lyrische Ich (der Sprecher oder die Sprecherin) in dem Gedicht spielt.
C Beschreibe, wie die Gedanken des lyrischen Ichs auf dich wirken.
D Nenne auffällige Gestaltungsmittel in dem Gedicht und beschreibe ihre Wirkung.

Gemeinsam

Rose Ausländer (1901 - 1988)

Vergesset nicht
Freunde
wir reisen gemeinsam

besteigen Berge
pflücken Himbeeren
lassen uns tragen
von den vier Winden

Vergesset nicht
es ist unsre
gemeinsame Welt
die ungeteilte
ach die geteilte

die uns aufblühen lässt
die uns vernichtet
diese zerrissene
ungeteilte Erde
auf der wir
gemeinsam reisen

2 Beschreibe in Stichworten:
- Was siehst du auf dem Bild?
- Was verbindest du damit?

Den Inhalt und die Form erschließen

Die genaue Analyse des Gedichts hilft dir, es zu verstehen.

1 **a.** Lies das Gedicht mehrmals, Vers für Vers.
b. Worum geht es in dem Gedicht? Kreuze an.
Tipp: Mehrere Antworten sind möglich.

- ☐ Menschen wollen verreisen.
- ☐ Freunde unternehmen eine Reise.
- ☐ Freunde sitzen im Zug.
- ☐ Freunde sollen das Leben genießen, dabei aber nicht nur an sich denken.
- ☐ Freunde sollen zusammenhalten und das Leben genießen.

2 Wer wird in dem Gedicht angesprochen?
a. Schreibe eine passende Textstelle auf.
b. Schreibe auf, wer damit gemeint sein könnte.

Zeile

3 Woran erkennst du das lyrische Ich?
a. Markiere Wörter im Gedicht, die dir Hinweise geben.
b. Schreibe deine Vermutungen über das lyrische Ich auf.

4 Wozu fordert das lyrische Ich zweimal auf?
a. Schreibe die Aufforderung in die Sprechblasen.
b. Wie wirkt die Aufforderung auf dich?
Schreibe in die Denkblasen.

wir reisen gemeinsam

es ist unsre gemeinsame Welt

In einem Gedicht kommt es auf die Form und auf jedes einzelne Wort an.

5 Das Wort „reisen" wiederholt sich im Gedicht.
Beantworte diese Fragen in Stichworten.
- An welchen Stellen kommt das Wort „reisen" im Gedicht vor?
- Woran denkst du am Anfang? Was stellst du dir am Schluss des Gedichts vor?

6 Was auf dieser Reise geschieht, wird in der zweiten Strophe genauer gesagt.
a. Verbinde die Verse mit einer möglichen Bedeutung. Ziehe eine Linie.
Z b. Du kannst auf die Linien rechts schreiben, was die Verse für dich bedeuten.

2. Strophe	**Mögliche Bedeutungen**
besteigen Berge	unbeschwert sein, das Leben genießen
pflücken Himbeeren	Schwierigkeiten überwinden
lassen uns tragen/ von den vier Winden	Gelegenheiten ergreifen

7 Auch die Wörter „gemeinsam" / „gemeinsame" wiederholen sich.
a. Markiere sie im Gedicht.
b. Markiere auch die Wörter, auf die sich „gemeinsam" und „gemeinsame" beziehen.
c. Worauf bezieht sich die Überschrift? Schreibe deine Gedanken dazu auf.

8 „Welt" und „Erde" werden mit Wörtern beschrieben, die Gegensätzliches ausdrücken.
a. Markiere die Stellen im Gedicht.
b. Wie wirken diese Gegensätze auf dich? Schreibe es auf.

9 Über die gemeinsame Welt sagt das lyrische Ich:
„die ungeteilte/ach die geteilte" (Zeile 12).
Wie wirkt dieser Ausruf auf dich? Notiere deine Gedanken dazu.

10 Auffällig im Gedicht ist die Anzahl der Verse in den Strophen.
a. Sieh dir das Gedicht noch einmal als Ganzes an.
b. Was stellst du fest? Schreibe es auf.

11 Die vier Winde und die Erde werden im Gedicht wie Personen dargestellt.
a. Markiere die passenden Textstellen im Gedicht.
b. Welche Wörter machen die Personifikation deutlich? Schreibe sie auf.

vier Winde: ______

Erde: ______

12 Wie wirkt die Personifikation der vier Winde und der Erde auf dich?
Schreibe deinen Eindruck auf.

Die vier Winde und die Erde wirken dadurch auf mich, als ob ______

13 Was hast du über das Gedicht herausgefunden?
Ergänze den Lückentext mit Hilfe deiner Ergebnisse aus den Aufgaben 1 bis 12.

In dem Gedicht wiederholt sich die Aufforderung: „______" (Zeilen 1 und 8). Angesprochen werden wir als „______" (Zeile 2). Wir sollen uns daran erinnern, dass wir „gemeinsam ______" (Zeilen 3 und 18) in einer „gemeinsame(n) ______" (Zeile 10).
Auf dieser Reise können wir uns „______" (Zeile 7) tragen lassen, also unbeschwert sein, das Leben genießen. Das lyrische Ich bedauert aber, dass die gemeinsame Welt keine einheitliche Welt ist (*Zeilen* ______).
Die Zerrissenheit kann man an den Gegensätzen in den *Zeilen* ______ gut erkennen, mit denen die Erde und die Welt beschrieben werden.

Die Interpretation schreiben und überarbeiten

Du hast das Gedicht genau untersucht. Nun kannst du deine Ergebnisse in einem eigenen Text zusammenfassen.

1 Schreibe die Einleitung.
a. Nenne die Textsorte, den Titel und die Autorin des Gedichts.
b. Schreibe auch, worum es in dem Gedicht geht.
Tipp: Verwende deine Ergebnisse aus Aufgabe 1 von Seite 40.

Einleitung

2 Schreibe den Hauptteil in dein Heft.
Fasse deine Ergebnisse aus den Aufgaben 2 bis 13 zusammen.
Formuliere in einem zusammenhängenden Text, was du herausgefunden hast.

Hauptteil

3 Schreibe zwei bis drei Schlusssätze.
Du kannst aufschreiben:
- Was ist deine persönliche Meinung zu dem Gedicht?
- Wie wirkt das Gedicht auf dich?

Schluss

Deinen Text kannst du mit Hilfe einer Checkliste überarbeiten.

4 a. Überprüfe deine Interpretation mit Hilfe der Checkliste.
b. Überarbeite, wenn es notwendig ist.

Checkliste: Ein Gedicht analysieren und interpretieren	*ja*	*nein*
Habe ich in der Einleitung den Titel des Gedichts und den Namen der Autorin genannt?		
Habe ich in der Einleitung auch geschrieben, worum es in dem Gedicht geht?		
Habe ich im Hauptteil das lyrische Jch und wichtige Gestaltungsmittel untersucht?		
Habe ich dabei auch beschrieben,		
– wie die Gedanken des lyrischen Jchs auf mich wirken?		
– wie die Gestaltungsmittel auf mich wirken?		
Habe ich am Schluss meine eigene Meinung zu dem Gedicht aufgeschrieben?		

Formulierungen für die Bewerbung

Sina, Ramon und Katja wollen sich um einen Ausbildungsplatz bewerben.

☐ Sina ist an einer Ausbildung als Baugeräteführerin interessiert.

☐ Ramon interessiert sich für eine Ausbildung als Medizinischer Fachangestellter.

☐ Katja hat Interesse an einer Ausbildung als Raumausstatterin.

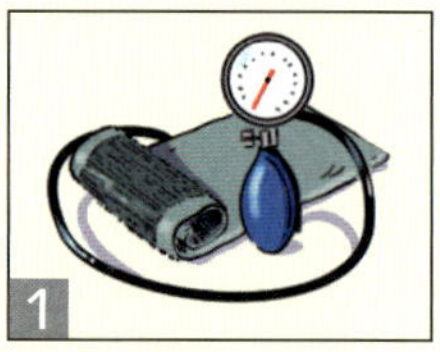
1

2

3

1 Welches Bild passt zu welchem Ausbildungsberuf? Schreibe die Nummern in die Kästchen.

2 Wie formulieren Sina, Ramon und Katja ihr Interesse für einen bestimmten Beruf?
a. Schreibe die Sätze mit den hervorgehobenen Wortgruppen in der Ich-Form auf.
Tipp: Du musst die Verbformen und das Pronomen **sich** verändern.
b. Markiere die Wortgruppen in deinen Sätzen.

Sina: *Ich bin an einer Ausbildung* ______________________

Ramon: ______________________

____

Katja: ______________________

3 Und für welchen Beruf interessierst du dich?
a. Wähle eine Formulierung aus Aufgabe 2 aus.
b. Schreibe mit dieser Formulierung einen Satz auf.

____

____

Katja arbeitet in der AG Künstlerische Gestaltung mit.
Zu ihren Aufgaben gehört es, sich um die Materialien zu kümmern.

4 Wie kann Katja im Bewerbungsschreiben formulieren, dass sie in der AG mitarbeitet und was sie dort tut? Schreibe zwei Sätze auf.
Tipp: Du kannst die Formulierungen vom Rand nutzen.

Ich bin Mitglied …
Ich gehöre … an.
Ich arbeite in … mit.

kümmere mich um …
bin zuständig für …
bin verantwortlich für…
Dazu gehört, dass ich …

____

____

____

____

Die Bewerbung vorbereiten

In jedem Beruf sind besondere Eigenschaften und Fähigkeiten gefragt.

Ich bin ein guter Streitschlichter.

Mein größtes Hobby ist das Klettern.

Ich erkläre unserem 80-jährigen Nachbarn gerne etwas an seinem Computer.

In der Partner- oder Gruppenarbeit kann ich am besten lernen.

Ich spreche gut Englisch und fließend Italienisch.

Ich arbeite in einer Modellbau-AG mit.

1 Welche Stärken haben die Schülerinnen und Schüler?
Ordne den Sprechblasen die Eigenschaften und Fähigkeiten zu. Schreibe sie auf die Linien.

Konfliktfähigkeit, Teamfähigkeit, Körperbeherrschung, Mehrsprachigkeit, handwerkliches Geschick, Einfühlungsvermögen

Für die folgenden Ausbildungsplätze werden bestimmte Stärken verlangt.

Ausbildung zum Altenpflegehelfer (m/w)
ab 01.08.2015
Dich erwartet eine qualifizierte Ausbildung in der Pflege und Betreuung von älteren Menschen unter Anleitung einer Fachkraft. Anforderung: mindestens Hauptschulabschluss, Interesse an organisatorischen Tätigkeiten, Kontaktfreude sowie ein offenes Ohr für die Bedürfnisse und Sorgen älterer Menschen.

Ausbildung zum Gerüstbauer (m/w)
ab 01.08.2015
Du bist schwindelfrei und willst einen aufregenden Beruf? Gerüstbauer/-innen planen und bauen Gerüste an Wohn- und Bürohäusern.
Unsere Anforderungen an dich: mindestens Hauptschulabschluss, Interesse an handwerklicher Tätigkeit, Körperbeherrschung und Sorgfalt.

2 Welche Stärken werden von den Bewerberinnen und Bewerbern gefordert?
Markiere in beiden Anzeigen passende Textstellen.

3 Welche Stärken aus Aufgabe 1 passen zu den Ausbildungsberufen?
Schreibe sie unter den jeweiligen Beruf.

Ein Bewerbungsschreiben überarbeiten

Mario hat seine Bewerbung geschrieben. Sie muss noch überarbeitet werden.

☐ Mario Muri
Geibelstraße 5
48565 Steinfurt
Tel.: 02551/77XX3
E-Mail: mario.muri@mail.com

☐ Steinfurt, 29.03.2015

☐ Seniorenheim Haus Anton
Herrn Karl Kurze
Niedstraße 12
48565 Steinfurt

☐ **Ihre Anzeige in der Steinfurter Zeitung vom 19.03.2015**
Ich bewerbe mich um einen Ausbildungsplatz als Altenpflegehelfer.

☐ Sehr geehrter Herr Kurze,

☐ hiermit bewerbe ich mich bei Ihnen um einen Ausbildungsplatz als Altenpflegehelfer.

☐ Mit großem Interesse habe ich Ihre Anzeige in der Steinfurter Zeitung gelesen und mich daraufhin auf Ihrer Homepage über das Haus Anton informiert.

☐ Mein dreiwöchiges Schülerpraktikum habe ich im Herbst 2014 in einer Rehaklinik gemacht. Dabei habe ich besonders gern mit älteren Menschen zu tun gehabt. Ich habe ihnen beim Essen und Anziehen geholfen und sie auf Spaziergängen begleitet. Meine Muttersprache ist Italienisch und ich kann gut mit Menschen aus verschiedenen Ländern umgehen.

☐ In meiner knappen Freizeit spiele ich unheimlich gerne Keyboard. Außerdem erkläre ich unserem 80-jährigen Nachbarn, der seit 5 Jahren gegenüber wohnt, regelmäßig Sachen am Computer oder wir spielen zusammen Backgammon.

☐ ______________________________
____
____

☐ Über eine Einladung zu einem Gespräch würde ich mich sehr freuen.

☐ ______________________________

☐ *Mario Muri*

☐ **Anlagen:** Lebenslauf, Lichtbild, letztes Schulzeugnis, Praktikumsbescheinigung

Ein Bewerbungsschreiben folgt einem bestimmten Aufbau.

1 Überprüfe den Aufbau von Marios Bewerbungsschreiben mit Hilfe der Liste am Rand.
a. Schreibe die Nummern der passenden Textteile in die Kästchen des Bewerbungsschreibens.
b. Welche Textteile fehlen in Marios Bewerbung? Markiere sie in der Liste am Rand.

1 Ort und Datum
2 Adresse des Absenders
3 Adresse des Empfängers
4 Betreff
5 Anrede
das eigentliche Anschreiben:
6 • Anlass des Anschreibens
7 • Grundlage der Bewerbung
8 • besondere Voraussetzungen
9 • besondere Interessen
10 • Angaben zur Schullaufbahn
11 • Bitte um Einladung
12 Grußformel
13 Unterschrift
14 Hinweis auf Anlagen

2 Überarbeite den Betreff.
a. Kürze die zweite Zeile so, dass nur das Wichtigste genannt wird.
b. Schreibe die verbesserte Betreffzeile hier auf.
Tipp: In der Betreffzeile stehen Stichworte, keine vollständigen Sätze.

3 Im vierten Absatz hat Mario seine besonderen Interessen zu ausführlich beschrieben.
a. Markiere die Aussagen, die für den Ausbildungsbetrieb wichtig sind.
b. Schreibe die verbesserte Fassung des Absatzes hier auf.

4 Der Absatz über Marios Schulzeit fehlt. Schreibe mit Hilfe der Angaben den Absatz in das Bewerbungsschreiben auf Seite 46.

Starthilfe
Zurzeit besuche ich …

Steinfurter Gesamtschule, 9. Klasse,
Qualifizierender Hauptschulabschluss, Sommer 2015

5 In Marios Text fehlt der abschließende Gruß. Schreibe eine passende Grußformel in das Bewerbungsschreiben.

Das überarbeitete Bewerbungsschreiben kannst du als Muster in dein Bewerbungsportfolio einheften.

6 Schreibe das überarbeitete Bewerbungsschreiben vollständig mit dem Computer ab.
Tipp: Achte auf die richtige äußere Form.

Der tabellarische Lebenslauf

Zu einer vollständigen Bewerbung gehört ein Lebenslauf mit Foto.

1 Ordne die Angaben für Marios Lebenslauf.
a. Nummeriere die Angaben in der richtigen Reihenfolge.
b. Schreibe passende Teilüberschriften über die Angaben.
Tipp: Das Muster am Rand hilft dir.

Lebenslauf
1 Zur Person
2 Schulbildung
3 Praktische Erfahrung
4 Besondere Interessen und Kenntnisse
5 Datum Unterschrift

☐ Steinfurt, 29. März 2015

Mario Muri

☐ ____________________

01.10.–21.10.2014	Praktikum in der Rehaklinik II, Steinfurt
seit Frühjahr 2013	regelmäßige Besuche des alten Nachbarn zur Hilfe am Computer

☐ ____________________

Sprachkenntnisse:	Deutsch und Italienisch, Grundkenntnisse Englisch
Computerkenntnisse:	Textverarbeitungsprogramme
Hobbys:	Keyboard, Fußball

1 *Zur Person*

Name:	Muri
Vorname:	Mario
Anschrift:	Geibelstraße 5 48565 Steinfurt
Telefon:	02551/77XX3
E-Mail:	mario.muri@mail.com
Geburtsdatum:	01.03.1999
Geburtsort:	Lecce / Italien

☐ ____________________

01.09.2009–31.08.2015	Steinfurter Gesamtschule, Steinfurt Qualifizierender Hauptschulabschluss voraussichtlich im Sommer 2015
01.09.2005–31.08.2009	Scuola Alighieri, Lecce/Italien (Grundschule)

Den überarbeiteten Lebenslauf kannst du als Muster in dein Bewerbungsportfolio einheften.

2 Schreibe den überarbeiteten Lebenslauf vollständig mit dem Computer ab.
Tipp: Achte auf die richtige äußere Form und verwende die Überschrift „Lebenslauf".

Wortgruppen mit Präpositionen

Manche Wortgruppen kommen in vielen Bewerbungsschreiben vor.

Hiermit möchte ich mich bei Ihnen
um einen Ausbildungsplatz als Koch bewerben.
Ihre Anzeige im Neustädter Wochenspiegel habe ich
mit großem Interesse gelesen und mich
auf Ihrer Homepage über Ihr Restaurant informiert.
Während meines Praktikums in einem Hotelrestaurant
habe ich schon Erfahrungen gesammelt.

1 In den Sätzen sind einige Wortgruppen mit Präpositionen hervorgehoben.
Schreibe die Wortgruppen auf.

2 Schreibe die folgenden Wortgruppen noch einmal auf die Zeilen darunter.

über Ihren Betrieb informieren, auf Ihrer Homepage informieren, um eine Lehrstelle bewerben, während des Praktikums den Betrieb kennen lernen, in einem Betrieb Erfahrungen sammeln, mit dem Hauptschulabschluss beenden, zu einem Gespräch einladen

3 Ergänze in den folgenden Sätzen passende Wortgruppen aus den Aufgaben 1 und 2.
Tipp: Manchmal musst du die Verbformen verändern.

Ihre Anzeige habe ich ______ .

Im Internet habe ich mich ______ .

Ich möchte mich bei Ihnen ______ .

In diesem Beruf habe ich schon ______ .

Ich würde mich sehr freuen, wenn Sie mich ______ .

4 Schreibe mit drei weiteren Wortgruppen aus Aufgabe 1 oder 2 eigene Sätze in dein Heft.

Die Arbeitstechniken

Dein Rechtschreib-Check

Mit dem Rechtschreib-Check kannst du prüfen, ob du alles richtig geschrieben hast.

Checkpunkt 1: Deutlich sprechen – genau hinhören

1 a. Sprich dir die hervorgehobenen Wörter Buchstabe für Buchstabe langsam und deutlich vor.
b. Entscheide: Sind die Wörter richtig oder falsch geschrieben?
c. Streiche die Fehlerwörter durch.
d. Berichtige jedes Fehlerwort und schreibe es auf die Linie darüber.

Achtung: Fehler!

Haithabu – Wo schon die Wikinger lebten

Norden

Im ~~Nordn~~ von Deutschland, in der Nähe von Schleswig, gibt es ein Musuem

mit dem eigenartigen Namen Haithabu. Während der Wikingerzeit (9. bis 11. Jahrhundert)

war Haithabu eine frühmittelalterliche Stadt, in der viel Handl betrieben wrde. Heute lädt

Haithabu als Museum dazu ein, Interessantes und Spannendes aus dem Lepen

der Wikinger zu ekrunden. Das historische Freigelände kann zu Fuß erforscht werdn.

Im Museumshaus warten spektakuläre Funde auf die Bsucher.

2 Schreibe den verbesserten Text fehlerfrei in dein Heft.

Checkpunkt 2: Lang oder kurz?

3 In der Wörterliste sind Vokale **fett** geschrieben.
- a. In welchen Wörtern sprichst du einen kurzen Vokal, in welchen Wörtern sprichst du einen langen Vokal?
- b. Setze unter kurze Vokale einen Punkt. Unterstreiche lange Vokale.
- c. Markiere die Konsonanten hinter den Vokalen.

geben, der Hafen, wann, das Dock, lesen, das Gesetz, die Sonne, wissen, die Züge, sagen

4 Wende Checkpunkt 2 bei dem folgenden Text an.
- a. Entscheide: Sind die Wörter richtig oder falsch geschrieben?
- b. Streiche die Fehlerwörter durch. Schreibe sie richtig auf die Linie darüber.
- c. Schreibe den verbesserten Text fehlerfrei in dein Heft.

Tipps: Vor **l**, **m**, **n**, **r** steht manchmal ein **h**: die Se**hn**sucht.
Langes **i** ist meist **ie**: die L**ie**be.

Der Hafen von Haithabu

Achtung: Fehler!

Bei Ausgrabungen im Hafen haben Wisenschaftler das Wrak eines alten Kriegsschiffes

gefunden. Dabei entdeckten sie im Boden auch regelmäßige Pfalreihen. Die Forscher

konnten erkenen, dass diese Pfahlreihen früher einmal die Hafenanlage stüzen mussten.

Eine große Platform aus Holz dinte als Handels- und Umschlagplatz.

Checkpunkt 3: Verwandtes Wort?

Findest du ein Wort schwierig? Dann finde ein verwandtes Wort, das du sicher schreiben kannst. Denn den Wortstamm in verwandten Wörtern schreibst du immer gleich:

fällen mit **ä** und **ll** so wie fa**ll**en
die Kr**ä**fte mit **ä** so wie die Kr**a**ft mit **a**
das Fa**hr**rad, die Fa**hr**bahn so wie fa**hr**en
der K**äu**fer mit **äu** so wie k**au**fen mit **au**

5 Finde zu jedem Wort ein verwandtes Wort. Schreibe es auf.

die Fußbälle – ____________

das Gebäude – ____________

zählen – ____________

häuten – ____________

6 Wende Checkpunkt **3** bei dem folgenden Text an.
  a. Finde zu jedem hervorgehobenen Wort ein verwandtes Wort.
  b. Entscheide: Sind die Wörter richtig oder falsch geschrieben?
  c. Streiche die Fehlerwörter durch. Schreibe sie richtig unter den Text.
  d. Schreibe den verbesserten Text fehlerfrei in dein Heft.

Alle (vier) Jahre wieder – Die Fußball-WM

Achtung: Fehler!

Im regelmeßigen Abstand von vier Jahren findet die Fußball-Weltmeisterschaft statt. Viele Lender haben den Wettbewerb der besten Fußball-Nationalmannschaften schon einmal ausgerichtet. Die Gastgeber bemühen sich nach Kreften, den Sportlern und unzehligen Gästen einen angenehmen Aufenthalt zu ermöglichen. Neue Stadien werden gebaut, heufig entstehen auch ganz neue Hotelanlagen. Wenn der Ball dann rollt, fiebern die Fans in aller Welt mit. Die Fußballprofis absolvieren ein Spiel nach dem anderen und selten geht das ohne Verletzungen aus. So mancher Spieler verließ den Platz schon mit bleulichen Flecken, einem Benderriss oder Schlimmerem.

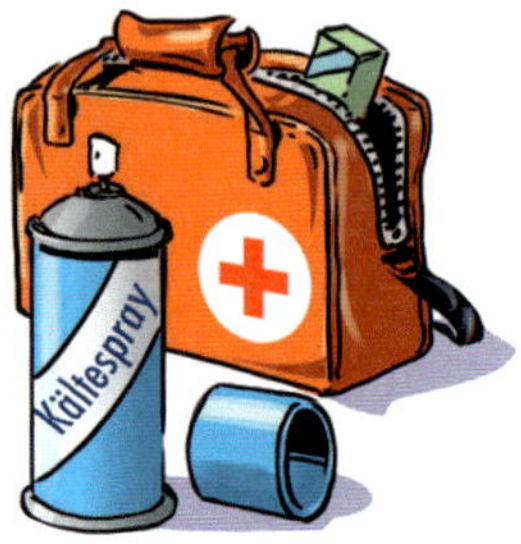

Checkpunkt 4: b oder p, d oder t, g oder k am Wortende? Am Ende des Wortstamms?

Verlängere das Wort. Dann hörst du, wie es endet:
der Korb – die Körbe; das Schild – die Schilder; er folgt – folgen

7 Prüfe, ob in den Sätzen die hervorgehobenen Wörter richtig geschrieben sind.
  a. Verlängere die Wörter.
  b. Entscheide: Sind die Wörter richtig oder falsch geschrieben?
  c. Streiche die Fehlerwörter durch. Schreibe sie richtig unter den Text.
  d. Schreibe den verbesserten Text fehlerfrei in dein Heft.

Auf der Pferderennbahn

Achtung: Fehler!

Sandro und Stefan standen am Rant der Pferderennbahn und schauten gebannt hinüber. Ein Jockey mit gelpgrünem Shirt führte. Der Sand unter den Hufen der Pferde staubte. Da hupte jemand. Ein Pferd erschrag und brach nach links aus. Sein Jockey hop vor Schreck eine Hand. Das Pferd bliep einfach mitten auf der Rennbahn stehen. Doch dann setzte es mit einem leichten Trab seinen außerplanmäßigen Spaziergank fort und trottete zurück in den Stall.

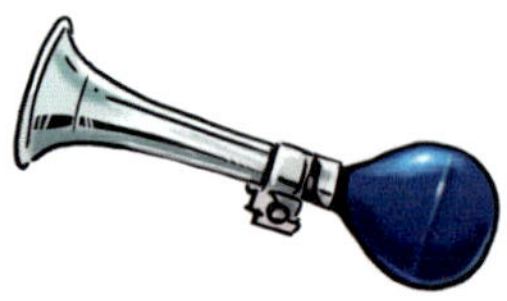

Checkpunkt 5: Groß oder klein?

Nomen schreibst du groß. Mit diesen Fragen erkennst du Nomen:
- **Hat das Wort einen oder mehrere Begleiter?**
- **Endet das Wort auf -ung, -heit, -keit oder -nis?**
- **Gibt es vor dem Wort einen der besonderen Begleiter:**
  am, beim, zum, etwas, alles, nichts, viel?

8 Wende Checkpunkt **5** bei dem folgenden Text an.
- a. Prüfe, ob die hervorgehobenen Wörter **Nomen** sind.
- b. Entscheide: Sind die Wörter im Text richtig oder falsch geschrieben?
- c. Streiche die Fehlerwörter durch. Schreibe sie mit den Begleitern richtig unter den Text.
- d. Schreibe den verbesserten Text fehlerfrei in dein Heft.

Achtung: Fehler!

Der Kater

Lässig liegt er auf der fensterbank und beobachtet die Schwalben, die sich vom dach herunterstürzen. Voller Genugtuung räkelt er sich. Das nasskalte wetter draußen kann ihm und seiner heiterkeit nichts anhaben. Bis zur dunkelheit wird er sich kaum von seinem Platz wegbewegen. Nur zum essen und Trinken trabt er manchmal in die Küche. Beim fressen will er nicht gestört werden. In einem der Näpfe findet er immer etwas leckeres.

die Fensterbank

Checkpunkt 6: Komma – ja oder nein?

9 Wende Checkpunkt **6** bei dem folgenden Text an.
Setze die fehlenden Kommas.
- Findest du Satzgefüge mit **weil** und **obwohl**?
- Findest du Relativsätze?

Tipp: Nebensätze können auch in den Hauptsatz eingeschoben sein.
Dann musst du davor und dahinter ein Komma setzen.

Kommas fehlen!

Auf zur Insel

Auch in diesem Jahr fahren Myriam und Felix wieder gemeinsam in das Jugendcamp das auf der kleinen Insel liegt. Sie genießen die frische Meeresbrise obwohl es leicht regnet. Während der Überfahrt zur Insel die sie schon zum dritten Mal besuchen planen sie ihre Ferien. Myriam möchte oft zum Strand gehen weil sie dort gut entspannen und lesen kann. Felix will surfen lernen. Die Ausrüstung wird er sich in dem Surfladen der in Strandnähe liegt ausleihen. Am ersten Abend gehen sie zum Lagerfeuer das die Jugendherberge veranstaltet.

10 Schreibe den verbesserten Text fehlerfrei in dein Heft.

Die Trainingseinheiten

Verben und Adjektive werden zu Nomen

Ob Haie etwas gegen das Internet haben?
Nach dieser Zeitungsmeldung könnte man es fast glauben.

Haie knabbern am Internet |

Ein amerikanischer Internetanbieter | hat beim Verlegen | von Unterwasserkabeln im Atlantik | nicht an die Haie gedacht. | Die haben sich nämlich | etwas Fürchterliches ausgedacht, | um der Menschheit zu schaden. | Nach dem Versenken der Kabel | und dem Freischalten der Internetverbindung | zwischen Europa und den USA | kam es immer wieder zu Störungen. | Medienberichten zufolge | sollen Haie beim Anknabbern der Glasfaserkabel | gesichtet worden sein. | Tatsächlich hatte ein Taucher | beim Filmen unter Wasser | sie dabei beobachtet, | wie sie in das Glasfaserkabel bissen. | Ob sie illegal das Internet anzapfen wollten | oder etwas anderes Kriminelles vorhatten, | ist nicht bekannt. | Wollten sie sich vielleicht | auch dafür rächen, | dass sie im Internet einen schlechten Ruf haben | und über sie dort nichts Freundliches gesagt wird? | Jedenfalls sollen die Kabel | nun durch das Verpacken | mit speziellen Kunststoffen | besser geschützt werden. |

1 Im Text kommen Nomen vor, die aus Verben entstanden sind.
a. Finde diese Nomen und markiere sie blau.
b. Markiere auch ihre Begleiter.
c. Schreibe diese Nomen mit ihren Begleitern auf.

beim Verlegen,

Merkwissen

Verben können **zu Nomen** werden. Dann haben sie Begleiter, z. B. bestimmte oder unbestimmte Artikel, Adjektive, Pronomen oder Zahlwörter sowie **am**, **beim**, **zum**.

2 In den folgenden Sätzen sind einige Wörter in Großbuchstaben geschrieben.
a. Entscheide: Sind sie Nomen?
b. Markiere die Wörter, die Nomen sind.
c. Schreibe die Sätze in richtiger Groß- und Kleinschreibung auf.

Haie sind in den Weltmeeren in vielen Arten VERTRETEN. Sie unterscheiden sich im AUSSEHEN und in der Größe. Beim SCHWIMMEN GLEITEN sie elegant durchs Wasser. Besonders durch UNKONTROLLIERTES BEIFISCHEN sind Haie heute bedroht.

Im Trainingstext kommen auch Nomen vor, die aus Adjektiven entstanden sind.

3 Welche Nomen im Text sind aus Adjektiven entstanden?
a. Markiere diese Nomen und ihre Begleiter.
Tipp: Ein Nomen ist schon markiert.
b. Schreibe diese Nomen zusammen mit ihren Begleitern auf.

4 a. Mache die folgenden Adjektive zu Nomen.
b. Schreibe jedes dieser Nomen mit zwei unterschiedlichen Begleitern auf.
Tipp: Die Endung verändert sich.

Merkwissen

Adjektive können **zu Nomen** werden. Dann haben sie oft die Begleiter **der**, **das**, **die**, **alles**, **etwas**, **nichts** oder **viel**.

spezifisch, ursprünglich, besonders, unwichtig, wertvoll

das Spezifische, etwas Spezifisches

5 Die Adjektive am Rand können durch einen Artikel oder **im** zu Nomen werden.
a. Mache diese Adjektive durch einen passenden Begleiter zu Nomen.
b. Schreibe sie einmal mit dem Artikel **das** auf und einmal mit **im**.
Tipp: Die Endung verändert sich.

wesentlich
allgemein
weiter
groß und ganz

das Wesentliche, im Wesentlichen

6 In den folgenden Sätzen sind einige Wörter in Großbuchstaben geschrieben.
a. Entscheide: Sind sie Nomen?
b. Markiere die Wörter, die Nomen sind.
c. Schreibe die Sätze in richtiger Groß- und Kleinschreibung auf.

DAS AUFFÄLLIGE an den Haien sind IHRE HAKENFÖRMIGEN SCHWANZFLOSSEN. Haie halten sich gern in Küstennähe auf, weil sie dort VIEL NAHRHAFTES finden. Menschen gehören IM ALLGEMEINEN nicht zu ihrer Beute. DER RIESIGE WALHAI ernährt sich sogar IM WESENTLICHEN von Plankton.

Getrenntschreibung

Ein Beruf auch für Männer |

Jannis möchte mit seiner Berufsberaterin, Frau Klomm, | ein Gespräch führen. | Er möchte Genaueres | über den Beruf des Erziehers erfahren. | Frau Klomm erklärt, | dass dieser Beruf sehr abwechslungsreich ist, | aber auch viel verlangt. | Man brauche vor allem Einfühlungsvermögen, | z. B. wenn die Kinder Angst haben. | Je nach Alter der Kinder | unterscheiden sich die Aufgaben des Erziehers. | Die Kleinsten müssen noch laufen lernen, | und man sollte ganz besonders | auf sie Acht geben. | Die Großen bereiten sich schon auf die Schule vor | und wollen rechnen üben. | Die Kinder sollen auch lernen, | soziale Kontakte aufzubauen. | Außerdem muss ein Erzieher | viel Geduld haben. | Denn nicht selten | muss er auch einen Streit schlichten. | Jannis weiß, | dass für Kinder | auch männliche Vorbilder wichtig sein können. | Der Beruf des Erziehers | wird heute noch | zu 96 Prozent von Frauen ausgeübt. | Das müsste eigentlich anders sein. |

1 Welchen Berufswunsch hat Jannis? Markiere die Antwort im Text.

2 a. Im Text sind Wortgruppen aus **Nomen + Verb** und **Verb + Verb** hervorgehoben.
b. Schreibe die Wortgruppen in die Tabelle.

Wortgruppen aus Nomen und Verb	Wortgruppen aus Verb und Verb
ein Gespräch führen	Angst haben
viel Geduld haben	acht geben
	rechnen üben
	Streit schlichten
	wichtig sein

Wortgruppen aus Nomen und Verb schreibst du getrennt.

3 Ergänze die Sätze mit passenden Wortgruppen vom Rand.

Grenzen aufzeigen
Rad fahren
Halt geben
Bescheid geben

Die Berufsberaterin wird Jannis Bescheid geben, sobald ein Ausbildungsplatz frei ist.
Da er keinen Führerschein besitzt, wird er Rad fahren.
Als Erzieher muss er den Kindern Halt geben, er sollte ihnen aber auch Grenzen aufzeigen.

Wortgruppen aus Verb und Verb schreibst du getrennt.

4 Ergänze die Sätze mit passenden Wortgruppen vom Rand.

> lesen üben
> schätzen lernen
> liegen bleiben
> schwimmen gehen

Wenn ein Kind Probleme hat, kann alles andere auch mal schätzen lernen.

Im Hort muss ein Erzieher mit den Kindern auch lesen üben.

Im Sommer wollen die Kinder jeden Tag schwimmen gehen.

Nach einem langen Tag wird Jannis seine Freizeit liegen bleiben.

Wortgruppen aus Adjektiv oder Adverb + sein schreibst du getrennt und klein.

5 Im Trainingstext sind zwei Wortgruppen mit **sein** hervorgehoben.
Schreibe die Wortgruppen auf.

Anders sein, Wichtig sein

6 Welche Wortgruppen vom Rand passen in welche Lücken?
Schreibe die Sätze mit den passenden Wortgruppen auf.

> pünktlich sein
> offen sein
> zufrieden sein

Mit seiner Berufswahl wird Jannis hoffentlich zufrie sein.
Natürlich wird er jeden Morgen pünktli sein.
Erzieherinnen und Erzieher müssen für die Bedürfnisse der Kinder offen sein.

Mit seiner Berufswahl wird Jannis hoffentlich zufrieden sein.
Natorlich wird er jeden Morgen pünklich sein
Erzieherihnen und Erzieher müssen für die Bedürfnisse der Kinder offen sein.

Auch Wortgruppen mit anderen Formen von sein schreibst du getrennt und klein.

7 In den folgenden Sätzen kommen Wortgruppen mit anderen Formen von **sein** vor.
a. Markiere die Wortgruppen.
Tipp: Die Wortgruppen am Rand helfen dir.
b. Schreibe die Sätze in dein Heft.

> offen sein
> dort sein
> zufrieden sein

Wenn die Kita-Leiterin mit Jannis zufrieden ist, kann er vielleicht übernommen werden. Er hat inzwischen die Erfahrung gemacht, dass die meisten Eltern gegenüber männlichen Erziehern offen sind. Er kennt die Räume und den Spielplatz der Kita gut, weil er während seines Praktikums mehrmals dort war.

W **8** Wähle eine Aufgabe aus:
- Schreibe den Trainingstext in dein Heft.
- Schreibe eigene Sätze mit den Wortgruppen aus der Tabelle von Aufgabe 2 auf.

Fremdwörter mit c, ph, th und y

Tobi, Meriem und Alex sprechen über Arbeitsgemeinschaften.

Tobi: Ich bin schon | auf die neuen Arbeitsgemeinschaften gespannt: | Mich interessiert die Kunst-AG. | Da konnten sie beim letzten Mal | Comics zu einem selbst gewählten Thema | mit einer eigenen Story zeichnen. |

Meriem: Ich möchte wieder | in die Theater-AG. | Beim letzten Mal | hatten wir da einen coolen Auftritt | in der Aula | mit einem eigenen Musical. | Damit feierten wir einen großen Triumph. |

Alex: Die Technik-AG finde ich interessant. | Da dreht sich alles | um Physik | und man lernt die Bauteile | eines Handys kennen. | Ich würde gerne | Methoden kennen lernen, | den eigenen Computer aufzurüsten. |

1 Im Text sind einige Fremdwörter mit **c**, **ph** und **th** hervorgehoben. Schreibe die Wörter in der Grundform auf, die Nomen mit Artikeln.
Tipp: Wenn du unsicher bist, benutze ein Wörterbuch.

Merkwissen
In **Fremdwörtern** wird **c** oft wie **k** gesprochen, **ph** wird wie **f** gesprochen.

Wörter mit c: *der Comic,*

Wörter mit ph:

Wörter mit th:

In diesen Fremdwörtern wird c wie k gesprochen:

das Café, die Crème, der Clown, die Couch, das Camping, das Casting, die Cloud, der Clip

2 Sortiere die Nomen nach dem Alphabet und schreibe sie mit den Artikeln auf.

das Café,

In diesen Fremdwörtern wird ph wie f gesprochen:

der Triumph, alphabetisch, die Philosophie, philosophieren, der Physiker, die Phase, phasenweise, alphabetisieren, physikalisch, das Alphabet, triumphieren

3 Schreibe die Fremdwörter nach Wortarten sortiert auf.

Nomen: *der Triumph,*

Verben:

Adjektive:

4 Was bedeuten die Nomen aus Aufgabe 3?
Ordne sie der richtigen Erklärung zu.

ein Naturwissenschaftler: ______ der Sieg: ______

die Weltanschauung: ______ der Zeitabschnitt: ______

Diese Fremdwörter werden mit th geschrieben:

das Thema, der Mathematiker, athletisch, die Leichtathletik, thematisch, mathematisch, die Theorie, theoretisch, der Theoretiker, thematisieren, die Mathematik, die Athletin

5 Welche Wörter aus der Wörterliste gehören zu einer Wortfamilie?
a. Schreibe sie nebeneinander auf.
b. Markiere in jedem Wort das **th**.

das Thema, thematisch, thematisieren, ______

Einige Fremdwörter aus dem Englischen enden auf -y. Diese Wörter schreibt man auch in den Pluralformen mit -y, z. B. das Hobby – die Hobbys.

6 Finde im Text auf der Seite 58 zwei Nomen mit **y** am Ende.
a. Markiere die Wörter im Text.
b. Schreibe die Nomen im Singular und im Plural mit den Artikeln auf.

die Story, ______

7 In der Liste am Rand findest du weitere Wörter mit **y** am Ende.
a. Schreibe die Wörter im Singular und im Plural auf.
b. Markiere im Singular das **y**, im Plural **ys**.

das Baby, der Teddy, das Hobby, die Party

Die Fremdwörter kannst du dir durch Wörterlistentraining einprägen.

8 a. Schreibe mit den Wörtern aus den Aufgaben 1 bis 7 Wörterlisten mit jeweils 8 bis 10 Wörtern auf.
b. Präge dir die Wörter ein.
c. Decke die Wörterlisten ab. Schreibe die Wörter einer Liste aus dem Gedächtnis in dein Heft. Kontrolliere sie anschließend.

Zeichensetzung

Komma bei Infinitivsätzen

Fotografie im Wandel

Kommas fehlen!

1 Weißt du, wie deine Eltern früher fotografiert haben? Damals brauchte man noch Filme, um zu fotografieren. Darauf hatten oft nur 36 Fotos Platz, manchmal auch nur 8 oder 12. Deshalb konnte man kaum fotografieren, ohne vorher das Motiv sorgfältig ausgewählt zu haben. Der Film wäre sehr schnell voll gewesen. Heute haben auf winzigen Speicherkarten mehrere Tausend Fotos Platz. Damals musste man die Fotos entwickeln lassen, anstatt sie gleich auf dem Display zu betrachten. Erst mehrere Tage später wusste man, ob die Bilder auch gelungen waren.

2 Mit der Erfindung der Digitalkamera am Ende des 20. Jahrhunderts gab es für die Fotografie völlig neue Möglichkeiten. Bis dahin musste man die Bilder erst einscannen um sie auf dem Computer zu speichern. Jetzt kann man sie von der Kamera direkt auf den PC übertragen. Heute nutzt man oft Bildbearbeitungsprogramme anstatt die Einstellungen an der Kamera ständig zu verändern. In den sozialen Netzwerken kann man seine Fotos sofort mit Freunden teilen ohne großen Aufwand zu treiben.

1 Seit wann gibt es Digitalkameras? Finde die Antwort im Text und schreibe einen Satz auf.

2 Im ersten Absatz findest du drei Sätze, die zu den Satzbildern aus dem Merkwissen passen.
- a. Markiere in diesen Sätzen die Verben im Infinitiv und die Wörter **um … zu**, **ohne … zu** und **anstatt … zu**.
- b. Markiere auch die Kommas vor **um**, **ohne**, **anstatt**.

3 Im zweiten Absatz fehlen die Kommas. Setze die Kommas.

4
- a. Schreibe die Infinitivsätze aus dem zweiten Absatz auf.
- b. Markiere die Wörter **um**, **ohne**, **anstatt** sowie **zu + Infinitiv**.
- c. Markiere die Kommas mit einem Pfeil.

Merkwissen

Infinitivsätze beginnen oft mit den Signalwörtern **anstatt**, **um** oder **ohne**.
Sie enden mit **zu + Infinitiv**.
Hauptsatz und Infinitivsatz werden durch Komma getrennt.

, um ... zu + Infinitiv .

, ohne ... zu + Infinitiv .

, anstatt ... zu + Infinitiv .

5 a. Schreibe mit Hilfe der Tabelle drei Sätze mit Infinitivsätzen auf.
b. Markiere in jedem Satz das Komma.

Auch Handys sind geeignet Jane postet Fotos vom Urlaub Timo stellt seine Fotos online Mirko druckt die Fotos aus	,	um ohne anstatt	ihrer Freundin eine E-Mail sie im Netzwerk gute Fotos sie mit allen Freunden	zu	teilen. machen. posten. schreiben.

Die Infinitivsätze können auch vor den Hauptsätzen stehen.

Um Fotos aufnehmen zu können, benutzte man vor 120 Jahren Glasplatten mit einer lichtempfindlichen Schicht. Ohne sie mit Licht in Berührung kommen zu lassen, mussten die Fotoplatten in den Fotoapparat eingeschoben werden. Um ein gutes Foto zu bekommen, musste der Fotograf die Platten lange belichten. Die Personen durften sich beim Fotografieren nicht bewegen.

6 Im Text stehen die Infinitivsätze vor den Hauptsätzen.
a. Markiere die Signalwörter **um** und **ohne** und **zu + Infinitiv**.
b. Markiere die gebeugten Verben am Anfang des Hauptsatzes.
c. Wo steht in den Sätzen das Komma? Markiere es mit einem Pfeil.

Um/Ohne ... zu + Infinitiv , .

7 Schreibe die Sätze aus Aufgabe 6 so um, dass der Infinitivsatz mit **um** und **ohne** nach dem Hauptsatz steht.
Tipp: Denke an das Komma nach dem Hauptsatz.

Vor 120 Jahren benutzte man

Die Fotoplatten mussten

Der Fotograf musste

Zeichensetzung beim Zitieren

Tülin hat die Geschichte „Ein Montagmorgen im Bus" untersucht.
Ihre Aussagen hat sie mit Zitaten (Textstellen) belegt.

1 a. Lies den Anfang der Geschichte.
b. Lies dann den Ausschnitt aus Tülins Interpretation.

Ein Montagmorgen im Bus – *Pattie Wigand*

Es waren drei kleine Wörter, die ein Wunder bewirkten. Als ich in den Bus stieg, schien die Sonne. Bei einem Blick aus dem Fenster des 151ers zeigte sich freilich der Chicagoer Winter von seiner schmutzigsten Seite – kahle Bäume, Schneematsch, die Autos voller Streusalzspritzer. Der Bus fuhr mehrere Kilometer am Lincolnpark entlang, aber niemand schaute hinaus. Wir, die Fahrgäste, saßen in dicken Mänteln dicht nebeneinander und dösten zum eintönigen Rattern des Motors in der stickigen, überheizten Luft. Kein Mensch sprach. Das gehörte zu den ungeschriebenen Regeln des Chicagoer Berufsverkehrs. Zwar begegneten uns jeden Tag dieselben Gesichter, aber wir versteckten uns lieber hinter unseren Zeitungen. Konnte etwas symbolträchtiger sein? Menschen, die nebeneinandersaßen, hielten mit dünnen Bogen Papier Distanz.

Mit dem Satz „Es waren drei kleine Wörter, die ein Wunder bewirkten" (Z. 1-2) wird der Leser mitten in die Handlung hineingeführt und neugierig auf das Kommende gemacht. Zuerst beschreibt der Jch-Erzähler die hässliche Seite des Winters in Chicago: „- kahle Bäume, Schneematsch, die Autos voller Streusalzspritzer" (Z. 5-6).
Die Menschen im Bus nehmen das aber nicht wahr, denn während sie am Lincolnpark entlangfahren, schaut keiner aus dem Fenster. Jm Bus passiert zunächst nichts Besonderes, alle sind still mit sich selbst beschäftigt: „Kein Mensch sprach." (Z. 12)
Der Jch-Erzähler ist ein genauer Beobachter. Er sieht das alltägliche Verhalten der Fahrgäste kritisch und schließt sich selbst dabei mit ein: „Zwar begegneten uns jeden Tag dieselben Gesichter, aber wir versteckten uns lieber hinter unseren Zeitungen." (Z. 14-16)

2 In Tülins Text ist ein Zitat markiert.
a. Finde diese Textstelle in der Geschichte daneben. Markiere sie.
b. Schreibe den Satz aus Tülins Text mit dem Zitat ab.
c. Kennzeichne die Anführungszeichen mit Pfeilen.

Mit dem Satz

3 a. Finde in Tülins Text weitere Zitate.
Markiere sie.
b. Kennzeichne die Anführungszeichen mit Pfeilen.

Merkwissen

Mit **Zitaten** kann man **belegen**, was man z. B. über eine Geschichte geschrieben hat. Es können ganze Sätze zitiert werden oder auch einzelne Wortgruppen. Zitate werden wie die wörtliche Rede durch Anführungszeichen gekennzeichnet.

„ ." (Z. 12)

: „ ". (Z. 5–6)

Zitierte Wortgruppen können in deine eigenen Sätze eingebettet sein.

Der Jch-Erzähler stellt fest, dass die Leute während der Fahrt eigentlich keine Gespräche mit ihren Nachbarn wünschen, denn sie dösten zum eintönigen Rattern des Motors in der stickigen, überheizten Luft. (Z. 10–12)

Satzzeichen fehlen!

4 Im Text ist die zitierte Wortgruppe hervorgehoben.
- a. Finde diese Textstelle in der Geschichte auf Seite 62. Markiere sie.
- b. Schreibe den Satz mit dem Zitat ab. Setze die Anführungszeichen am Anfang und Ende des Zitats.

Der Jch-Erzähler

Nach einer Einleitung kannst du einen vollständigen Satz zitieren.

Der Jch-Erzähler sieht das alltägliche Verhalten der Fahrgäste kritisch und schließt sich selbst dabei mit ein: Zwar begegneten uns jeden Tag dieselben Gesichter, aber wir versteckten uns lieber hinter unseren Zeitungen. (Z. 14–16)

Satzzeichen fehlen!

5 Im Text ist der zitierte Satz hervorgehoben.
- a. Finde diese Textstelle in der Geschichte auf Seite 62. Markiere sie.
- b. Schreibe den einleitenden Satz und das Zitat ab.
- c. Setze die Anführungszeichen am Anfang und Ende des Zitats.
- d. Markiere den Doppelpunkt am Ende der Einleitung.

Nach einem Zitat gibst du die Zeilen in Klammern an.

6 a. Finde den zitierten Satz in der Geschichte.
b. Ergänze nach dem Zitat die Zeilenangabe in Klammern.

Jm Bus passiert zunächst nichts Besonderes, alle sind still mit sich selbst beschäftigt: „Kein Mensch sprach.“ ______________

Fehler vermeiden

Das Partizip I richtig verwenden

Laura beschreibt ihre Erlebnisse bei einem Halbmarathon.

Es war ein aufregender Vormittag. Als Freiwillige half ich beim Halbmarathon an einem Getränkepunkt. Wir hatten die Tische bei Kilometerstand 10 aufgebaut und zahllose Becher bereitgestellt. Bei strahlendem Sonnenschein warteten über 30 000 Läufer, Inline-Skater und Rollstuhlfahrer auf den Startschuss. Nach knapp 30 Minuten erreichten die ersten schnaufenden Läufer unseren Stand und freuten sich über ein erfrischendes Getränk. Eine Sambagruppe spielte mitreißende Rhythmen, viele Zuschauer tanzten und klatschten.

1 Im Text sind einige Nomen durch ein **Partizip I** genauer beschrieben.
Finde die Wortgruppen und markiere sie.
Tipp: Zwei Wortgruppen sind bereits markiert.

2 a. Schreibe die Wortgruppen aus Aufgabe 1 in die Tabelle.
b. Markiere das **d** im **Partizip I.**
c. Von welchem Verb wird das Partizip abgeleitet? Schreibe das Verb im Infinitiv auf.

Merkwissen

Mit dem **Partizip I** (Partizip Präsens) kannst du anschaulich beschreiben.
Das Partizip I wird vom **Infinitiv** abgeleitet: strahlen + d → strahlend.
Das Partizip I verändert seine Endung wie ein Adjektiv:
der strahlen**d**e Sonnenschein.

Partizip I und Nomen	Verb im Infinitiv
ein aufregender Vormittag	*aufregen*
bei strahlendem Sonnenschein	

3 Bilde aus den Verben vom Rand **Partizipien I** und schreibe sie auf.

begeisternd,

begeistern
rennen
jubeln
glänzen
schwitzen

Mit dem Partizip I kannst du Nomen anschaulich beschreiben.
Du vermeidest Fehler, wenn du auf die richtigen Endungen achtest.

4 Welches Partizip I aus Aufgabe 3 passt in welche Lücke?
Ergänze die Partizipien I mit der richtigen Endung.
Tipp: Die Tabelle mit den Wortgruppen hilft dir.

Am Nachmittag halfen wir bei dem ___begeisternden___ Bambini-Lauf.

Viele Eltern standen am Rand und feuerten die ______________ Kinder an.

Das ______________ Mädchen, das als Erste ins Ziel lief, war erst neun Jahre alt.

Nachdem wir die ______________ Medaillen an über 700 kleine Sportlerinnen

und Sportler verteilt hatten, machten wir trotz der Hitze noch ein Erinnerungsfoto mit Bruno,

dem ______________ Maskottchen im Bärenkostüm.

Singular (Einzahl)				Plural (Mehrzahl)
	der (männlich)	das (sächlich)	die (weiblich)	
Nominativ	der rennende Mann	das rennende Kind	die rennende Frau	die rennenden Leute
Dativ	dem rennenden Mann	dem rennenden Kind	der rennenden Frau	den rennenden Leuten
Akkusativ	den rennenden Mann	das rennende Kind	die rennende Frau	die rennenden Leute

Das Partizip I kann auch in Wortgruppen mit unbestimmten Artikeln stehen.

5 a. Finde zu jedem Lückensatz eine passende Wortgruppe vom Rand.
b. Schreibe die vollständigen Sätze mit den Wortgruppen im richtigen Fall auf.
Tipp: Die richtigen Endungen findest du in der Tabelle unten.

Vor dem Lauf sprach Laura mit ______.
Hinter der Straßensperre hörte sie ______.
Auf einer Parkbank sah sie ______.
Sie zeigte ______ das Erste-Hilfe-Zelt.

ein schimpfender Autofahrer
eine teilnehmende Inline-Skaterin
ein humpelnder Läufer
ein lachendes Liebespaar

Singular (Einzahl)				Plural (Mehrzahl)
	ein (männlich)	ein (sächlich)	eine (weiblich)	
Nominativ	ein rennender Mann	ein rennendes Kind	eine rennende Frau	rennende Leute
Dativ	einem rennenden Mann	einem rennenden Kind	einer rennenden Frau	rennenden Leuten
Akkusativ	einen rennenden Mann	ein rennendes Kind	eine rennende Frau	rennende Leute

Verben verwenden

Verben im Perfekt

Alicia, Lenja, Jasper und Ergin wollen einen Bericht über ihre Projektwoche für die Zeitung schreiben. Sie sprechen über ihre Erlebnisse.

„Wir sind gestern nach Hannover gefahren und haben eine große Spielwarenfabrik besichtigt. Dort haben wir viel über die Produktion von Brettspielen erfahren", beginnt Jasper. Alicia hat bei dem Projekt „Jung trifft Alt" mitgemacht. Sie berichtet: „Wir sind gestern im Altenheim gewesen und haben dort am Sommerfest teilgenommen. Ich habe einer älteren Frau aus meinem Buch vorgelesen."

1 Im ersten Satz sind die Verben im Perfekt schon markiert.
Finde weitere Verben im Perfekt und markiere sie.
Tipp: Die Perfektform besteht aus zwei Teilen.

2 Schreibe zu den folgenden Verben im Präsens die Formen im Perfekt auf.

Merkwissen

Wenn man über Vergangenes mündlich erzählt oder berichtet, verwendet man meist das Perfekt:
das Perfekt mit **haben**: *du **hast gespielt***;
das Perfekt von Verben der Bewegung mit **sein**: *du **bist gefahren***.

Präsens	Perfekt	Präsens	Perfekt
wir behandeln	*wir haben behandelt*	ihr seid	
wir drehen		wir sind	
er/es/sie erklärt		du läufst	
er/es/sie organisiert		wir gehen	

3 Ergänze in den folgenden Sätzen passende Perfektformen aus Aufgabe 2.

Ergin: Wir *haben* das Thema „Gesunde Ernährung" *behandelt*.
Unsere Klasse ______ zunächst ein Frühstück ______.
Danach ______ wir zum Bäcker ______ und
Herr Müller ______ uns den Unterschied zwischen industriell
hergestellten Brötchen und Bäckerbrötchen ______.

Lenja: Wir ______ während der Projekttage in allen Klassen
______ und ______ einen Film
über unsere Schule ______.

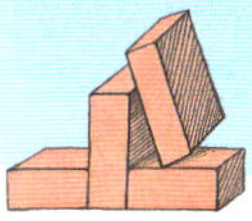

Verben im Präteritum

Jasper schreibt den Bericht für die Zeitung.

Während der Projekttage im März gab es wieder viele interessante Angebote für die Schülerinnen und Schüler. So konnte die Klasse 9 eine Spielwarenfabrik besichtigen. Dort durften die Besucher neue Brettspiele ausprobieren. Es machte allen viel Spaß. Neue Erfahrungen machte auch die Klasse 8 d, die zusammen mit den anderen 8. Klassen einen Tag im Seniorenheim verbrachte. Er stand unter dem Motto „Jung trifft Alt". Die Heimbewohner freuten sich sehr, dass die Jungen und Mädchen ihnen aus ihren Lieblingsbüchern vorlasen. „Das war eine hübsche Abwechslung", sagte eine Bewohnerin.

1 Im Text sind zwei Verben im Präteritum markiert.
- a. Finde weitere Verben im Präteritum und markiere sie.
- b. Schreibe die Verben zusammen mit den richtigen Personalpronomen auf.
- c. Schreibe das Verb im Infinitiv daneben.

Merkwissen

Präteritum: über Vergangenes schriftlich erzählen oder berichten:
haben – er hatte, laufen – er lief,
stehen – er stand, sein – es war

es gab – geben, sie konnte – ____________________

____

____

2
- a. Schreibe zu den Verbformen im Präsens die Formen im Präteritum auf.
- b. Was verändert sich im Präteritum? Markiere es.

sie bearbeiten – *sie bearbeiteten* | er beginnt – ____________

sie findet – ____________ | sie drehen – ____________

sie sprechen – ____________ | ihr redet – ____________

3 Ergänze in den Lücken passende Präteritumformen aus Aufgabe 2.

Die fünften Klassen ____________ das Thema „Gesunde Ernährung".

Der erste Projekttag ____________ mit einem gemeinsamen Frühstück.

Anschließend ____________ die Schülerinnen und Schüler mit dem Bäckermeister über den Unterschied zwischen industriell hergestellten Brötchen und Bäckerbrötchen.

Die Abschlussklassen ____________ einen Film über unsere Schule, der bei Eltern, Schülern und Lehrern viel Beifall ____________.

Der Konjunktiv II und die Ersatzform mit würde

Viele Jugendliche wären gern ein Star. Wie würde sich ihr Leben verändern?

Als Model könnte ich immer die neueste Mode tragen. Alle fänden mich wunderschön.

Mit meiner Band stände ich auf einer großen Bühne. Wir bekämen Applaus von den Fans.

Als Fußballprofi gäbe ich immer mein Bestes. Wir gewännen alle Meisterschaften.

Als Schauspielerin dürfte ich in andere Rollen schlüpfen. Ich brächte viele Leute zum Lachen und zum Weinen.

1 Wovon träumen Marlene, Maik, Jeremy und Katrin? Was wünschen sie sich?
- a. Finde in den Gedankenblasen die Verbformen im **Konjunktiv II**.
- b. Markiere diese Verbformen.

2
- a. Schreibe die Konjunktivformen aus Aufgabe 1 zusammen mit den Personalpronomen in die Tabelle.
- b. Ergänze zu jeder Konjunktivform die Verbform im Präteritum und den Infinitiv.
- c. Vergleiche die Verbformen im Konjunktiv II und im Präteritum. Markiere den Unterschied.

Merkwissen

Mit dem **Konjunktiv II** (Möglichkeitsform des Verbs) kannst du ausdrücken, dass etwas nicht oder noch nicht Wirklichkeit ist.
Der Konjunktiv II wird vom **Präteritum** abgeleitet.

Verb im Infinitiv	Verbform im Präteritum	Verbform im Konjunktiv II
können	ich konnte	ich könnte

3 Was wäre anders, wenn Marlene, Maik, Jeremy und Katrin berühmt wären?
a. Bilde aus den Infinitiven am Rand die Konjunktivformen.
Tipp: Bilde zuerst die Präteritumform.
b. Ergänze die Sätze mit der passenden Verbform im Konjunktiv II.

Marlene *hätte* weniger Zeit für ihre Freundinnen.

Maiks Eltern ______ unglaublich stolz auf ihn.

Jeremy ______ sehr viel in der Welt herum.

Katrin ______ andere berühmte Schauspieler.

haben
sind
kommen
treffen

Manchmal lauten die Verbformen im Präteritum und im Konjunktiv II gleich.
Dann kannst du die Ersatzform mit würde verwenden.
Wenn Maik Profisportler wäre, trainierte er täglich. (Konjunktiv II = Präteritum)
Wenn Maik Profisportler wäre, würde er täglich trainieren. (Ersatzform)

4 a. In welchen Sätzen kann man die Konjunktivform mit dem Präteritum verwechseln? Kreuze an.
b. Markiere bei den Ersatzformen **würde** und den **Infinitiv** in unterschiedlichen Farben.

- ☐ Marlene arbeitete hart. — Marlene würde hart arbeiten.
- ☐ Maik liefe gern eine bessere Zeit. — Maik würde gerne eine bessere Zeit laufen.
- ☐ Jeremy nähme Gitarrenunterricht. — Jeremy würde Gitarrenunterricht nehmen.
- ☐ Katrin lernte Drehbücher auswendig. — Katrin würde Drehbücher auswendig lernen.

5 Ergänze die Verbformen im Präteritum und die Ersatzformen des Konjunktivs mit **würde**.

sie schafft – *sie schaffte – sie würde schaffen;*

er erfüllt – ______

er macht – ______

es langweilt – ______

6 Was würde im Leben als Star passieren?
Schreibe mit den Ersatzformen aus Aufgabe 5 Sätze auf.
Tipp: Die Wortgruppen vom Rand helfen dir.

es auf die Laufstege der Welt
sich seinen Lebenstraum
eine Solokarriere
das Leben als Star

Marlene *würde es auf die Laufstege der Welt schaffen.*

Maik ______

Jeremy ______

Katrin ______

Das Passiv mit Modalverben

Der hohe Verbrauch von Plastiktüten brachte Menschen in Berlin auf eine ganz besondere Idee.

Berlin „tüt" was

Nach Angaben der Umwelthilfe werden allein in Berlin täglich 710 000 Plastiktüten in den Geschäften ausgegeben, das sind stündlich etwa 30 000. Darauf sollte im September 2014 mit der Aktion „Berlin tüt was" hingewiesen werden. Auf dem ehemaligen Flughafengelände Tempelhof in Berlin sollte dafür eine lange Kette mit Plastiktüten gebildet werden. Helfer tackerten etwa 30 000 gespendete Plastiktüten von Hand an lange Seile. Mit einer 9 km langen Tütenkette konnte dann ein dickes Ausrufezeichen gesetzt werden. Gewissermaßen sollte damit eine Flut von Plastiktüten dargestellt werden.

1 Warum steht in der Überschrift „tüt" statt „tut"?
Schreibe einen Satz zur Erklärung auf.

2 Im Text kommen Passivformen mit den Modalverben **sollen** und **können** vor.

a. Finde diese Passivformen und markiere sie.
Tipp: Die Passivformen mit Modalverben bestehen aus drei Teilen.

b. Schreibe die Passivformen aus dem Text neben die Pronomen.

Merkwissen

Nach den Modalverben **dürfen**, **können**, **wollen**, **sollen** und **müssen** steht ein weiteres Verb.
Das Passiv mit Modalverben bildest du mit einer Form des Modalverbs, dem **Partizip II** und **werden**.

es sollte hingewiesen werden,

es

es

es

3 a. Kreise in den Wortgruppen von Aufgabe 2 die gebeugten Verbformen ein.
b. Markiere **werden** in einer Farbe, die Partizipien in einer anderen Farbe.

4 Die Passivformen in Aufgabe 2 stehen im Präteritum.
Schreibe sie auch im Präsens auf.

es soll hingewiesen werden,

Was sollte oder konnte mit der Aktion erreicht werden?

5 Mit Modalverben im Passiv wird oft eine Absicht oder eine Gelegenheit ausgedrückt.
a. Welcher Satz drückt eine Absicht aus? Notiere ein A vor dem Satz.
b. Welcher Satz drückt eine Gelegenheit aus? Notiere ein G vor dem Satz.
c. Markiere in den Sätzen jeweils die Passivform mit Modalverb.

_____ In Berlin sollte auch ein neuer Weltrekord aufgestellt werden.

_____ Ein bestehender Weltrekord konnte bei der Gelegenheit übertroffen werden.

6 Schreibe die folgenden Sätze im Passiv zusammen mit einem Modalverb auf.
Tipp: Es gibt mehrere Möglichkeiten mit den Modalverben **sollen**, **können**, **müssen**.

Viele Tüten wurden gesammelt. — *Viele Tüten mussten gesammelt werden.*

Ein Zeichen wurde gesetzt. _____

Ein neuer Rekord wurde erzielt. _____

Eine Menschenkette wurde gebildet. _____

Der Rekord vom Timmendorfer Strand aus dem Jahr 2013 wurde übertroffen. _____

Am Timmendorfer Strand wurde eine 4,2 km lange Menschenkette gebildet. _____

7 Schreibe die Verbformen aus Aufgabe 6 im Präsens auf.
Verwende ein Modalverb im Präsens und ein Personalpronomen.
Tipp: Die Pronomen am Rand helfen dir.

> viele Tüten – sie
> das/ein Zeichen – es
> der/ein Rekord – er
> die/eine Menschenkette – sie

sie müssen gesammelt werden,

8 Schreibe die Sätze aus Aufgabe 6 noch einmal im Präsens auf.
Schreibe sie in dein Heft.

> **Starthilfe**
> Viele Tüten müssen gesammelt werden.

Satzgefüge verwenden

Nebensätze mit dass, weil und obwohl

Dany hat einen Leserbrief zum Thema „Datensicherheit" geschrieben.

Ich finde es wichtig, dass man die verschiedenen Bereiche der Datensicherheit auseinanderhält. In sozialen Netzwerken sollte man unbedingt auf die richtigen Einstellungen der Privatsphäre achten, weil sonst jeder deine persönlichen Dokumente einsehen kann. Und man muss so sichere Passwörter für die Online-Welt auswählen, dass Übeltäter keine Chance haben. Zu Hause ist man selbst für die Sicherheit zuständig. Daten können aber auch ausspioniert oder verändert werden, obwohl man ein Antivirenprogramm benutzt. Man sollte deshalb seinen Virenschutz immer automatisch aktualisieren lassen.

1 Welche Empfehlung gibt Dany für die sozialen Netzwerke?
Schreibe einen Satz auf.

2 Der Text enthält Nebensätze mit den Konjunktionen **dass**, **weil** und **obwohl**.
a. Markiere diese Konjunktionen im Text.
b. Unterstreiche die Nebensätze.
c. Markiere die gebeugten Verbformen im Nebensatz.
d. Kennzeichne die Kommas mit einem Pfeil.

Merkwissen

Mit Hilfe einer **Konjunktion** (eines Bindewortes) wie **dass**, **weil**, **obwohl**, **wenn**, **während** oder **als** kannst du Sätze verbinden.
Es entsteht ein **Satzgefüge**.
Der Satz mit der Konjunktion am Anfang ist ein **Nebensatz**.
In einem Nebensatz steht das gebeugte Verb am Ende.
Zwischen dem Hauptsatz und dem Nebensatz steht ein Komma.

Nach den Verben sagen, denken, meinen, glauben folgen oft dass-Sätze.

3 Bilde Satzgefüge mit der Konjunktion **dass**.
a. Markiere in den Sätzen das gebeugte Verb.
b. Ergänze die Satzanfänge mit passenden dass-Sätzen.
Tipp: Im Nebensatz steht das gebeugte Verb am Ende.

Meine persönlichen Daten gehen niemanden etwas an.
Man sollte sich mehr Gedanken über die Datensicherheit machen.
Mein Computer ist recht gut geschützt.

Ich denke,

Dany meint,

Ich glaube,

Mit weil-Sätzen kann man etwas begründen.

4 Bilde aus den Satzpaaren Satzgefüge mit der Konjunktion **weil**.
a. Welcher Satz in den Satzpaaren gibt eine Begründung an? Markiere ihn.
b. Formuliere den Satz mit der Begründung in einen Nebensatz mit **weil** um.
c. Schreibe das Satzgefüge auf.
Tipp: Im Nebensatz steht das gebeugte Verb am Ende.

Persönliche Daten sind begehrt. Sie bedeuten für die Konzerne bares Geld.
Ich halte mein Antivirenprogramm auf dem neuesten Stand. Ich möchte meinen Computer schützen.
Die Privatsphären-Einstellungen sollte man immer anpassen. Jeder kann sonst alles lesen.

Nebensätze mit obwohl schränken die Aussage des Hauptsatzes ein.

5 Bilde aus den Satzpaaren Satzgefüge mit der Konjunktion **obwohl**.
a. Welcher Satz in den Satzpaaren schränkt eine Aussage ein? Markiere ihn.
b. Formuliere diesen Satz in einen Nebensatz mit **obwohl** um.
c. Schreibe das Satzgefüge auf.
Tipp: Im Nebensatz steht das gebeugte Verb am Ende.

Manche öffnen Dateianhänge. Sie kennen den Absender der E-Mail nicht.
Einige veröffentlichen ihre Adressen im Internet. Sie gehen eigentlich niemanden etwas an.

6 Verknüpfe die Satzpaare mit einer passenden Konjunktion.
Schreibe die Satzgefüge auf.

weil
dass
obwohl

Ich weiß: Beim Surfen im Internet werden persönliche Daten gesammelt.
Beinahe hätte ich neulich einen Trojaner installiert. Ich habe immer Virenschutz und Firewall aktiviert.
Sichere Passwörter sind besonders wichtig. Sie können sonst leicht geknackt werden.

Einen informierenden Text schreiben

Punkte:

Digitale Kommunikation bestimmt immer mehr unseren Alltag.
Du schreibst einen informierenden Text über das Thema.

1 a. Lies die folgende Aufgabe genau.
b. Markiere die Aufforderungsverben und die Schlüsselwörter. /1

Deine Schule plant eine Schülerzeitung zum Thema „Kommunikation".
Du bist gebeten worden, einen Artikel für die Zeitung zu verfassen.

Aufgabe: Schreibe einen informierenden Text zum Thema „Digitale Kommunikation".
Deine Grundlage sind die Materialien M1 bis M4.
Schreibe nicht einfach aus den Materialien ab, sondern achte auf eine eigenständige Darstellung in einem zusammenhängenden Text.

A Erkläre in der Einleitung, was digitale Kommunikation ist.
B Stelle dar, welche Bedeutung die digitale Kommunikation für die Jugendlichen hat. Nenne auch Beispiele.
C Beschreibe die Möglichkeiten der digitalen Kommunikation.
D Fasse im Schlussteil zusammen, was dich an dem Thema am meisten interessiert.
E Formuliere für deinen Text eine passende Überschrift.
F Notiere unter deinem Text die von dir genutzten Materialien.

2 Lies die Materialien M1 bis M4
mit den Textknacker-Schritten 1 bis 3.

M1 Ein Lexikonartikel

Digitale Kommunikation: Kommunikation (lat. communicatio, die Mitteilung): Verständigung untereinander. Die Kommunikationspartner können Informationen entweder direkt (ohne zwischengeschaltete Medien) austauschen, sie befinden sich dann am gleichen Ort. Oder die Kommunikation kann → digital erfolgen, z. B. über → das Internet, das einen virtuellen Raum darstellt. Die Verbindung zwischen den Kommunikationspartnern erfolgt dann mittels technischer Geräte, z. B. PCs, Tablets oder Smartphones.
Digitale Kommunikation kann auf unterschiedlichen Wegen stattfinden, z. B. über E-Mails, Chatprogramme oder soziale Netzwerke. Der E-Mail-Verkehr erfolgt meist über → asynchrone (nicht zeitgleiche) Verbindungen, wohingegen die Kommunikationspartner in → Chats oder in → sozialen Medien synchron (in Echtzeit) miteinander verbunden sind. Digitale Kommunikation kann zwischen Menschen stattfinden, aber auch zwischen Mensch und Maschine sowie zwischen Maschine und Maschine.

M2 Aus einer Umfrage zur Mediennutzung

Das Internet ist für mich immer dann wichtig, wenn ich mich über Aktuelles informieren will oder etwas für die Schule recherchiere. Soziale Netzwerke nutze ich eigentlich nur selten. (M., 14 J.)

Die sozialen Netzwerke sind für mich am wichtigsten. Schließlich möchte ich wissen, wo meine Freunde sind und was sie gerade machen. Eine Daten-Flatrate hilft da schon, immer entspannt zu surfen. (C., 16 J.)

In sozialen Netzwerken kommuniziere ich mit meinem Smartphone, aber nur mit Leuten, die ich persönlich kenne. Deshalb habe ich die Sicherheitseinstellungen auch entsprechend angepasst. (K., 15 J.)

M3 Smartphone-Besitzer 2011–2013

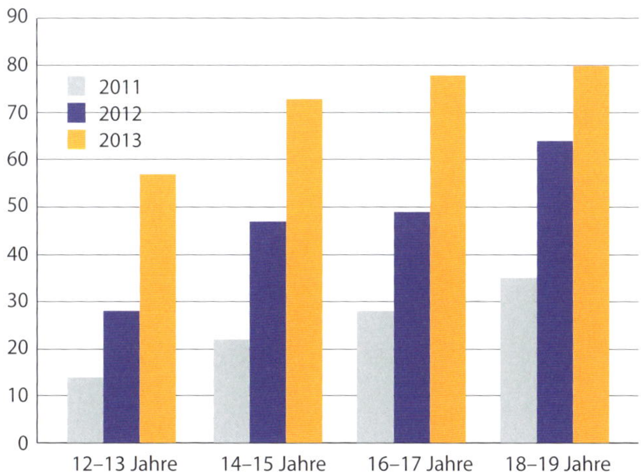

(Quelle: JIM-Studie, Stuttgart 2013, Angaben in Prozent)

M4 Jens und das Internet der Dinge

Volker Thomas

1 Jens las die Nachricht auf dem Display des Kühlschranks: „Milch, Joghurt, Apfelsaft" stand da, darunter in roter Schrift: „Butterverbrauch einschränken!" Vorlautes Gerät, grummelte Jens und synchronisierte die Einkaufsliste mit seinem Handy. Als er die Wohnungstür abschloss, meldete der Zentralrechner beim Sicherheitsdienst den Status: Leer. Beim Einsteigen in die U-Bahn hielt er sein Handy an das Lesegerät. Mit einem leisen Piepsen bestätigte es die Fahrt und speicherte Jens' Daten auf einem zentralen Rechner. Sicher, das klang ganz schön nach Überwachung. Jede seiner Bewegungen mit den öffentlichen Verkehrsmitteln war dort nachzulesen. Aber das Handy-Ticket war halt so genial einfach. Sein Freund Niklas schickt eine Textnachricht: „Morgen Abend Sport?" Jens drückte den Kontrollchip auf seiner Armbanduhr: Gewicht, Puls, Blutdruck – alles sprach für ein bisschen Bewegung. Er sendete ein knappes „o.k.". Als er vor der Berufsschule ankam, erkannte der Scanner sein Gesicht. Automatisch öffnete sich die Schranke.

2 Gegen 16 Uhr meldete sich seine Freundin Liz. Sie wollte nach Feierabend mit ihm shoppen gehen und Jens stimmte zu. Am Eingang des Kaufhauses erfasste ein Scanner ihre Maße und funkte sie an die in Hosen, Jacken und Hemden eingebauten Chips. So konnte sofort die richtige Kleidung anprobiert werden. Jens war schon klar, dass alle diese Informationen und die vielen Daten, die er täglich eingab, sämtlich nach seinen Konsumgewohnheiten ausgewertet wurden. Na ja, dachte er, als sein Handy ihm die Angebote von drei umliegenden Restaurants präsentierte, aber bequem ist es doch. Die beiden entschieden sich dann für das neue vegetarische Restaurant.

Die folgenden Aufgaben helfen dir, die Prüfungsaufgaben zu lösen. Punkte:

3 Worum geht es in den einzelnen Materialien?
a. Markiere in den Materialien M1, M2 und M4 Schlüsselwörter. /1
b. Notiere Stichworte zu Material M3. /5

M3: ______

Du arbeitest mit dem Inhalt der Materialien M1 bis M4 und sammelst Informationen für deinen Text.

zu **M1**

4 Beantworte diese Fragen in Stichworten:
a. Wie findet digitale Kommunikation statt? /2
b. Wie unterscheiden sich synchrone und asynchrone Kommunikation? /2

______

______

zu **M2**

5 Welche Bereiche der digitalen Kommunikation nutzen die interviewten Jugendlichen häufig? Zu welchem Zweck? Notiere Stichworte. /4

______

______

zu **M3**

6 Sieh dir das Säulendiagramm genauer an.
a. Wie stark ist der Anteil der 12- bis 13-jährigen Smartphone-Besitzer zwischen 2011 und 2013 gestiegen? Kreuze an. /1

☐ etwa auf das Zehnfache ☐ etwa auf das Vierfache ☐ etwa auf das Doppelte

b. Ergänze den folgenden Satz. /2

2013 besaßen über ______ Prozent der 14- bis 15-Jährigen und ungefähr ______ Prozent der 18- bis 19-Jährigen ein Smartphone.

zu **M4**

7 Was die Hauptfigur Jens erlebt, ist zum Teil heute schon möglich. Welche Vorteile und welche Nachteile sieht Jens in seinem digitalen Alltag? Notiere Stichworte. /4

______

______

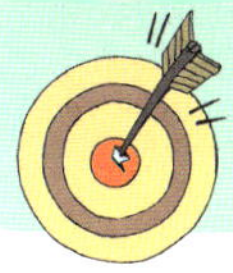

Einen zusammenhängenden Text schreiben

Punkte:

Schreibe nun deinen informierenden Text. Verwende deine Ergebnisse aus den Aufgaben 2 bis 7.

1 Schreibe die Einleitung. (→ Teilaufgabe A) — Einleitung /4

a. Schreibe einen ersten Satz, der deine Leser neugierig macht.
b. Schreibe drei oder vier vollständige Sätze auf.

2 Schreibe den Hauptteil in dein Heft. (→ Teilaufgaben B und C) — Hauptteil /20

a. Stelle dar, wie Jugendliche heute digital kommunizieren. Nenne auch Beispiele.
b. Beschreibe, was durch digitale Kommunikation möglich werden kann.

Tipps:
Markiere Informationen auf der Seite 76, die du für deinen Text brauchst.
Überlege immer wieder:
Wie kannst du die Informationen mit eigenen Worten wiedergeben?
Wo kannst du deine eigene Meinung dazuschreiben?

3 Schreibe den Schluss. (→ Teilaufgabe D) — Schluss /2

a. Fasse deine Erkenntnisse in wenigen Sätzen zusammen.
b. Schreibe auf, was dich an dem Thema am meisten interessiert.

4 Schreibe eine passende Überschrift für deinen Text auf. (→ Teilaufgabe E) /1

5 Schreibe auf, welche Materialien du benutzt hast. (→ Teilaufgabe F) /1

6 Hast du auch nichts vergessen?
Überprüfe deinen Text noch einmal mit Hilfe der Checkliste auf Seite 21.

/75

Meine Gesamtpunktzahl: von 75

64–75 Punkte: Super!

40–63 Punkte: Das kann ich noch besser. Ich übe weiter!

0–39 Punkte: Ich arbeite die Seiten 15 bis 21 noch einmal durch.

Schriftlich Stellung nehmen

Punkte:

Können Videokameras die Schulen sicherer machen?
Du schreibst einen Leserbrief zu dem Thema.

1 a. Lies die folgende Aufgabe genau.
b. Markiere die Aufforderungsverben und die Schlüsselwörter. /9

Die Schülerinnen und Schüler der Wiesenschule diskutieren auf ihrer Internetseite über die Sicherheit an ihrer Schule.

Aufgabe: Schreibe einen Leserbrief für die Internetseite der Schule.
Nimm Stellung zu der Frage: Ist die Video-Überwachung an Schulen notwendig?

A Nenne in der Einleitung das Thema und formuliere deine Meinung.
B Begründe deine Meinung mit Argumenten und belege deine Argumente mit Beispielen.
C Beziehe dich auch auf ein Gegenargument und entkräfte es.
D Formuliere eine Schlussfolgerung, in der du etwas vorschlägst oder empfiehlst.

Totale Überwachung?

1 Immer mehr Gemeinden und Schulbehörden fordern, die Zugänge, Parkplätze und Pausenhöfe von Schulen durch Videoanlagen zu überwachen. Dadurch sollen Sachbeschädigungen und Diebstähle in den Schulen verhindert werden. Auch immer mehr Eltern verlangen höhere Sicherheitskontrollen an den Schulen ihrer Kinder. Doch welcher Meinung sind die betroffenen Schülerinnen und Schüler?

2 Eine Umfrage an nordrhein-westfälischen Schulen zeigt, dass es zu diesem Thema ganz unterschiedliche Stimmen gibt. Viele Schülerinnen und Schüler sagen, dass sie sich durch eine Video-Überwachung an ihrer Schule sicherer fühlen würden. Kameraaufnahmen könnten Täter entlarven, die mutwillig Inventar zerstören oder Diebstähle begehen. Die Aufklärungsrate könnte deutlich erhöht werden. So würde die hohe Zahl an gestohlenen Fahrrädern und Motorrollern wahrscheinlich zurückgehen. Außerdem würden, so die Meinung dieser Schülerinnen und Schüler, Videokameras auf mögliche Täter abschreckend wirken.

3 Andere Jugendliche sind hingegen der Ansicht, dass eine Video-Überwachung unsinnig sei. Schulen sollten nicht zu „Sicherheitsburgen" gemacht werden, in denen jeder verdächtig sei und alle ständig beobachtet würden. In einer solchen Atmosphäre könne man sich nicht mehr frei entfalten. Schulen seien öffentliche Einrichtungen, in denen sich niemand überwacht oder verdächtigt fühlen sollte. Außerdem sind sie der Auffassung, dass eine Überwachung mit technischen Geräten und Personal sehr teuer sei und dieses Geld besser anders investiert werden sollte, z.B. in Sanitäranlagen oder Turnhallen.

Die folgenden Aufgaben helfen dir, die Prüfungsaufgabe zu lösen. Punkte:

2 a. Lies den Text mit den Textknacker-Schritten 1 bis 3.
b. Worum geht es in dem Text? Schreibe einen Satz auf. /3

3 Welche Bereiche der Schule sollen mit einer Videokamera überwacht werden? /3
Kreuze an, welche Antworten auf den Text zutreffen.

- ☐ die Pausenhalle
- ☐ der Pausenhof
- ☐ der Parkplatz
- ☐ die Ein- und Ausgänge
- ☐ die Klassenräume
- ☐ der Sportplatz

Im Text werden sowohl Argumente für als auch gegen eine Video-Überwachung an Schulen genannt.

4 Welche Argumente werden in dem Text auf Seite 78 genannt?
a. Finde die Argumente **für** eine Video-Überwachung. Markiere sie grün. /4
b. Finde die Argumente **gegen** eine Video-Überwachung. Markiere sie rot. /4

5 Welcher Meinung bist du? Kreuze an. /1

- ☐ Video-Überwachung ist ein sinnvolles Mittel, um die Schulen sicherer zu machen.
- ☐ Video-Überwachung ist kein sinnvolles Mittel, um die Schulen sicherer zu machen.

Um Stellung zu nehmen, brauchst du Argumente.

6 a. Schreibe die Argumente aus dem Text in die Tabelle. /8
b. Finde jeweils ein weiteres Argument **für** und **gegen** /2
technische Überwachung an Schulen.
Tipp: Notiere Stichworte.

Argumente **für** Video-Überwachung	Argumente **gegen** Video-Überwachung

Punkte:

Du begründest deine Meinung, indem du sie mit Argumenten verknüpfst.

7 Welche drei Argumente sind dir für deine Meinung besonders wichtig? Schreibe sie in Stichworten auf. /3
Beginne mit dem schwächsten Argument und schließe mit dem stärksten.

Mit Beispielen kannst du deine Argumente stützen und veranschaulichen.

8 a. Kreuze an: /4
- Welche Beispiele stützen die Argumente **für** eine Video-Überwachung?
- Welche Beispiele stützen die Argumente **gegen** eine Video-Überwachung?

b. Ergänze ein Beispiel **für** und ein Beispiel **gegen** Video-Überwachung. /2

Beispiele	dafür	dagegen
An der Schule meiner Cousine wurden Videokameras installiert. Seitdem gibt es viel weniger Graffiti und Fahrraddiebstähle.		
Unsere Schule hat über 20 Eingänge. Die lassen sich nicht alle durch Videokameras kontrollieren.		
Videokameras gibt es schon in vielen Kaufhäusern und auf öffentlichen Plätzen. Wenigstens in der Schule möchte ich mich frei und unbeobachtet bewegen.		
Ich habe gelesen, dass es an vielen Schulen in England Video-Überwachung gibt. Gerade die jüngeren Schüler fühlten sich dadurch sicherer.		

Du kannst andere überzeugen, wenn du direkt auf ihre Argumente eingehst.

9 Entkräfte ein Gegenargument.

a. Wähle ein Argument aus Aufgabe 6 aus, das **nicht** deiner Meinung entspricht. /1

b. Erkläre, warum du dieses Argument nicht überzeugend findest. /3

In einem Leserbrief stellst du nun deine Meinung dar. Punkte:

10 Schreibe eine Einleitung in vollständigen Sätzen. Einleitung /3
- Nenne das Thema.
- Formuliere deine Meinung.

Tipp: Beachte, an wen sich dein Leserbrief richten soll.

Im Hauptteil nennst du deine Argumente und stützt sie mit Beispielen.

11 Schreibe den Hauptteil. Hauptteil /16
- Begründe deine Meinung mit zwei Argumenten.
- Veranschauliche deine Argumente mit zwei Beispielen.
- Gehe auf ein Gegenargument ein und entkräfte es.

Im Schlussteil fasst du deine Aussagen zusammen.

12 Schreibe den Schluss. Schluss /4
- Formuliere eine Schlussfolgerung, die sich auf deine Meinung bezieht.
- Was empfiehlst du den Leserinnen und Lesern?
- Was schlägst du vor?

13 Hast du auch nichts vergessen?
Überprüfe deinen Leserbrief noch einmal mit Hilfe der Checkliste auf Seite 28.

/70

Meine Gesamtpunktzahl:
von 70

58–70 Punkte:
Super!

36–57 Punkte:
Das kann ich noch besser. Ich übe weiter!

0–35 Punkte:
Ich arbeite die Seiten 23 bis 28 noch einmal durch.

Eine Kurzgeschichte analysieren

Punkte:

Du untersuchst die Kurzgeschichte „Ein Tag Warten" von Ernest Hemingway. In dieser Geschichte erleben die beiden Hauptfiguren einen besonders langen Tag.

1 a. Lies die folgende Aufgabe genau.
b. Markiere die Aufforderungsverben und Schlüsselwörter. /10

Lies zunächst den Text, bevor du die Aufgaben bearbeitest.
Schreibe einen zusammenhängenden Text.

Aufgabe: Analysiere die Kurzgeschichte „Ein Tag Warten" von Ernest Hemingway. Gehe dabei so vor:

A Schreibe eine Einleitung: Nenne darin den Titel der Geschichte und den Namen des Autors. Schreibe auch, worum es in der Geschichte geht.
B Fasse die Geschichte in einer kurzen Inhaltsangabe zusammen. Schreibe nur das Wichtigste.
C Analysiere das Verhalten der Figuren und ihr Verhältnis zueinander. Beachte dabei auch die Erzählperspektive.
D Untersuche, welche Merkmale einer Kurzgeschichte auf diese Geschichte zutreffen. Belege deine Aussagen am Text.

2 Lies die Geschichte mit Hilfe der Textknacker-Schritte 1 bis 3.

Ein Tag Warten

Ernest Hemingway (1899–1961)

1 Er kam ins Zimmer, um die Fenster zu schließen, während wir noch im Bett lagen, und ich fand, dass er krank aussah. Er fröstelte; sein Gesicht war weiß, und er ging langsam, als ob jede Bewegung wehtäte.

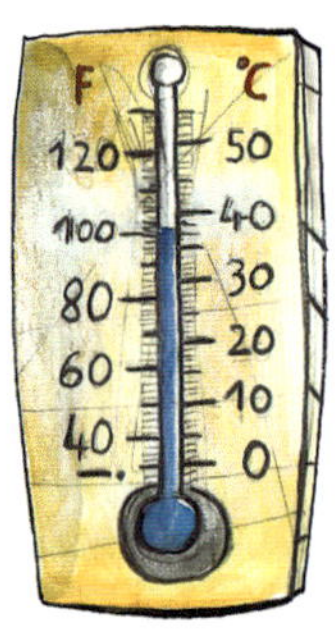

„Was ist los, Schatz?"

„Ich hab Kopfschmerzen."

„Dann geh lieber wieder ins Bett."

„Nein, ich bin ganz in Ordnung."

„Du gehst ins Bett. Ich komme zu dir, sobald ich angezogen bin."

Aber als ich herunterkam, war er angezogen und saß am Feuer und sah wie ein kranker, jämmerlicher neunjähriger Junge aus. Als ich ihm die Hand auf die Stirn legte, wusste ich, dass er Fieber hatte.

„Du gehst rauf ins Bett", sagte ich. „Du bist krank."

„Ich bin ganz in Ordnung", sagte er.

Als der Doktor kam, nahm er die Temperatur des Jungen.

„Wie viel hat er?", fragte ich ihn.

„Hundertundzwei."

2 Unten ließ der Doktor drei verschiedene Medikamente in verschiedenfarbigen Kapseln zurück mit Anweisungen, wie sie zu nehmen waren. Das eine sollte das Fieber herunterbringen, das zweite war ein Abführmittel und das dritte war gegen Übersäure im Magen. Die Grippebazillen könnten nur bei Übersäure existieren, hatte er erklärt. Er schien alles über Grippe zu wissen und sagte, es wäre nicht weiter besorgniserregend, falls die Temperatur nicht auf hundertvier stiege. Es herrsche eine leichte Grippeepidemie, und es bestände keinerlei Gefahr, wenn keine Lungenentzündung hinzukäme.

3 Als ich wieder ins Zimmer kam, schrieb ich die Temperatur des Jungen auf und notierte, wann man ihm die verschiedenen Medikamente geben sollte.

„Möchtest du, dass ich dir vorlese?"
„Schön. Wenn du willst", sagte der Junge.
Sein Gesicht war sehr weiß und er hatte dunkle Schatten unter den Augen. Er lag reglos im Bett und schien gleichgültig gegen alles, was vorging. Ich las ihm aus Howard Pyles „Piratenbuch" vor, aber ich sah, dass er nicht bei der Sache war.
„Wie fühlst du dich, Schatz?", fragte ich ihn.
„Genau wie vorhin, bis jetzt", sagte er.
Ich saß am Fußende des Bettes und las für mich, während ich darauf wartete, dass es Zeit war, ihm wieder ein Pulver zu geben.
Normalerweise hätte er einschlafen müssen, aber als ich aufblickte, blickte er das Fußende des Bettes an und hatte einen seltsamen Ausdruck im Gesicht.
„Warum versuchst du nicht einzuschlafen? Ich werd dich wecken, wenn es Zeit für die Medizin ist."
„Ich möchte lieber wach bleiben."
Nach einer Weile sagte er zu mir: „Papa, du brauchst nicht hier bei mir zu bleiben, wenn es dir unangenehm ist." „Es ist mir nicht unangenehm."
„Nein, ich meine, du brauchst nicht zu bleiben, wenn es dir unangenehm wird."
Ich dachte, dass er vielleicht ein bisschen wirr sei, und nachdem ich ihm um elf das verschriebene Pulver gegeben hatte, ging ich eine Weile aus. [...]

4 Zu Haus sagte man mir, dass der Junge keinem erlaubt habe, in sein Zimmer zu kommen.
„Du kannst nicht reinkommen", hatte er gesagt. „Du darfst das nicht bekommen, was ich habe."
Ich ging zu ihm hinauf und fand ihn in genau derselben Lage, wie ich ihn verlassen hatte, weißgesichtig, aber mit roten Fieberflecken auf den Backen. Er starrte immer noch, wie er vorher gestarrt hatte, auf das Fußende des Bettes. Ich nahm seine Temperatur.
„Wie viel habe ich?"
„Ungefähr hundert", sagte ich. Es waren hundertundzwei und vier Zehntel.
„Es waren hundertundzwei", sagte er.
„Wer hat das gesagt?"
„Der Doktor."
„Deine Temperatur ist ganz in Ordnung", sagte ich. „Kein Grund, sich aufzuregen."
„Ich rege mich nicht auf", sagte er, „aber ich muss immer denken."
„Nicht denken", sagte ich. „Nimm's doch nicht so tragisch."
„Ich nehme es nicht tragisch", sagte er und sah starr vor sich hin. Er nahm sich offensichtlich wegen irgendetwas schrecklich zusammen.
„Schluck dies mit etwas Wasser."
„Glaubst du, dass es helfen wird?"
„Natürlich wird es."

Punkte:

5 Ich setzte mich hin und schlug das „Piratenbuch" auf und begann zu lesen, aber ich konnte sehen, dass er nicht folgte, darum hörte ich auf.

„Um wie viel Uhr glaubst du, dass ich sterben werde?", fragte er.

„Was?"

„Wie lange dauert es noch ungefähr, bis ich sterbe?"

„Aber du stirbst doch nicht. Was ist denn los mit dir?"

„Doch, ich werde. Ich habe gehört, wie er hundertundzwei gesagt hat."

„Aber man stirbt doch nicht bei einer Temperatur von hundertundzwei. Es ist albern, so zu reden."

„Ich weiß aber, dass es so ist. In der Schule in Frankreich haben mir die Jungen erzählt, dass man mit vierundvierzig Grad nicht leben kann. Ich habe hundertundzwei."

Er hatte den ganzen Tag auf seinen Tod gewartet, die ganze Zeit über, seit neun Uhr morgens.

„Mein armer Schatz", sagte ich. „Mein armer, alter Schatz. Es ist wie mit Meilen und Kilometern. Du wirst nicht sterben. Es ist ein anderes Thermometer. Auf *dem* Thermometer ist siebenunddreißig normal. Auf dieser Sorte achtundneunzig."[1]

„Bist du sicher?"

„Völlig", sagte ich. „Es ist wie mit Meilen und Kilometern. Weißt du, so wie: wie viel Kilometer machen wir, wenn wir siebzig Meilen im Auto fahren?"

„Ach", sagte er.

Aber die Starre verschwand langsam aus seinem auf das Fußende seines Bettes gerichteten Blick; auch seine Verkrampftheit ließ schließlich nach und war am nächsten Tag fast ganz weg, und er weinte wegen Kleinigkeiten los, die ganz unwichtig waren.

[1] Gemeint ist ein Thermometer mit der Fahrenheit-Skala. 102 Grad Fahrenheit entsprechen einem Wert von 38,9 Grad Celsius.

Die folgenden Aufgaben helfen dir, die Prüfungsaufgaben zu lösen.

3 Welche Gedanken hast du nach dem Lesen der Kurzgeschichte? Notiere Stichworte. /2

Ich glaube, dass der Junge früher sagen sollte das er denkt das er Stirbt

4 Worum geht es in der Geschichte? Kreuze die richtige Antwort an. /1

- [ ] In der Geschichte geht es um einen Jungen, der wegen einer Verletzung im Bett liegt.
- [x] In der Geschichte geht es um einen Jungen, der mit einer Grippe im Bett liegt.
- [ ] In der Geschichte geht es um einen Jungen, der seinen kranken Vater pflegt.

5 a. Wo findet die Handlung statt? Markiere die Orte im Text. /1

b. Schreibe auf, wo die Kurzgeschichte spielt. /1

In seinem Zuhause

6 Welche Figuren spielen in der Kurzgeschichte eine wichtige Rolle? Nenne sie. /1

Sohn 9 Jahre, Vater

In der Kurzgeschichte gibt ein Erzähler die Ereignisse aus seiner Sicht wieder. Punkte:

7 Was trifft auf die Geschichte zu?
a. Kreuze die richtige Antwort an. /1
b. Belege deine Antwort mit einer Textstelle. Gib auch die Zeilen an. /2

- [x] Die Geschichte erzählt ein Ich-Erzähler, der selbst Teil der Handlung ist.
- [ ] Die Geschichte erzählt ein Ich-Erzähler, der wiedergibt, was ihm berichtet worden ist.
- [ ] Die Geschichte erzählt ein Er-Erzähler.

Ich wusste daser Fieber hat als Er seine Hand auf sein Kopf legt.

8 Welche Figur in der Geschichte ist der Ich-Erzähler?
a. Kreuze die richtige Antwort an. /1
b. Belege deine Antwort mit einer Textstelle aus Absatz 3. /2

- [ ] das kranke Kind
- [x] der Vater
- [ ] eine andere Figur

Papa wenn du willst kannst du gehen wenn es dir unangenehm ist Zeile 43 bis 44.

Du untersuchst das Verhalten der Figuren.

9 Wie verhält sich der Vater, als der Sohn ins Zimmer kommt? /3
a. Lies noch einmal Absatz 1.
b. Finde drei passende Textstellen. Markiere sie.

10 Was unternimmt der Vater, nachdem er festgestellt hat, dass sein Sohn Fieber hat? /3
a. Lies noch einmal Absatz 3.
b. Finde drei passende Textstellen. Markiere sie.

11 Wie reagiert der Sohn auf seine Krankheit?
a. Finde passende Textstellen im Absatz 3. /2
b. Schreibe die Textstellen auf. Gib dabei auch die Zeilen an. /2

Er lag im Bett und schien gleichzeitig gegen Alles, was losging

12 Der Vater ist über das Verhalten seines Sohnes verwundert.
a. Finde in den Absätzen 3 und 4 Textstellen, die das belegen. Markiere sie. /2
b. Erkläre die Gedanken des Vaters mit eigenen Worten. /2

Der Vater spürt, dass der

Punkte:

„Du wirst nicht sterben. Es ist ein anderes Thermometer." (Zeile 78)

13 Wie verhält sich der Sohn, als ihm der Vater schließlich den Unterschied zwischen Fahrenheit und Celsius erklärt?
a. Finde passende Textstellen im Absatz **5**. Markiere sie. /2
b. Beschreibe das Verhalten des Sohnes. /2

14 Der Titel der Kurzgeschichte lautet „Ein Tag Warten".
Wer wartet in dieser Geschichte? Worauf?
a. Finde passende Textstellen im Absatz **5**. Markiere sie. /1
b. Wie kannst du den Titel erklären? Schreibe es auf. /2

Du untersuchst die Merkmale der Kurzgeschichte.

15 Welche Merkmale einer Kurzgeschichte treffen auf diese Geschichte zu?
a. Kreuze die zutreffenden Merkmale an. /5
b. Begründe deine Wahl mit eigenen Worten oder mit einer passenden Textstelle. /5

☐ plötzlich mittendrin

☐ ein alltägliches Geschehen

☐ ein kurzer Ausschnitt aus dem Leben

☐ ein entscheidender Moment – ein Wendepunkt

☐ offenes Ende

Die Interpretation schreiben und überarbeiten

Punkte:

Du hast die Geschichte analysiert. Deine Ergebnisse aus den Aufgaben 2 bis 15 fasst du in einem eigenen Text zusammen.

1 Schreibe die Einleitung deiner Interpretation. — Einleitung — /4

a. Nenne die Textsorte, den Titel und den Autor der Geschichte.
b. Schreibe auch, worum es in der Geschichte geht.

2 Notiere Stichworte für den Hauptteil deiner Interpretation. — Hauptteil — /20

Tipp: Notiere auch Textstellen als Beleg.

a. Gib am Anfang des Hauptteils das Wichtigste der Handlung wieder.
b. Schreibe auf, was du über die Erzählperspektive herausgefunden hast.
c. Beschreibe das Verhalten der Figuren und ihr Verhältnis zueinander.
d. Fasse zusammen, welche besonderen Merkmale diese Kurzgeschichte hat.

3 Schreibe mit Hilfe deiner Notizen aus Aufgabe 2 den Hauptteil in dein Heft.

4 Schreibe zwei bis drei Schlusssätze. — Schluss — /3

- Was ist deine persönliche Meinung zu der Geschichte?
- Wie hat die Geschichte auf dich gewirkt? Wodurch?

5 Hast du auch nichts vergessen?
Überprüfe deine Interpretation noch einmal mit Hilfe der Checkliste auf Seite 37.

/80

Meine Gesamtpunktzahl:
von 80

69–80 Punkte:
Super!

41–68 Punkte:
Das kann ich noch besser. Ich übe weiter!

0–40 Punkte:
Ich arbeite die Seiten 30 bis 37 noch einmal durch.

Textquellen: S. 10: Der Kakaobaum. Aus: Biologie 5/6 Gymnasium NRW (Hrsg.) Monika Biere-Mescheder, Dr. Edeltraud Kemnitz. Duden Paetec Schulbuchverlag 2012 (gekürzt). S. 16: Die Welt schickt uns Müll, wir antworten mit Musik. Volker Thomas, Berlin 2014. S. 30–31: Pattie Wigand: Ein Montagmorgen im Bus. Aus: Der Pauker, Prüfungsaufgaben für Hauptschulabgänger in Baden-Württemberg. Stephan Hutt-Verlag, Stuttgart, Ausgabe 1994/95. S. 39: Rose Ausländer: Gemeinsam. Aus: Ausländer, Rose: Gesammelte Werke Bd. V. Ich höre das Herz des Oleanders. Gedichte 1977–1979. Fischer Verlag, Frankfurt am Main 1984. S. 75: Smartphone-Besitzer 2011–2013. Aus: JIM-Studie 2013. Hrsg. Medienpädagogischer Forschungsverbund Südwest. Stuttgart 2013, S. 51. S. 75: Jens und das Internet der Dinge. Volker Thomas, Berlin 2014. S. 82–84: Ernest Hemingway: Ein Tag Warten. Aus: Hemingway, Ernest: 49 stories. Autorisierte Übersetzung aus dem Amerikanischen von Annemarie Horschitz-Horst. Aufbau-Verlag, Berlin/Weimar 1974, S. 470–473. Alle weiteren Texte sind Originalbeiträge.

Bildquellen: S. 4: © Roche/Photocuisine/Corbis; S. 6 oben: © dolphfyn/Shutterstock.com; S. 6: Grafiken Palmölproduktion und Palmölimport 2012. Nach: OVID. Verband der ölsaatenverarbeitenden Industrie in Deutschland e. V., Berlin 2013; S. 7 (oben): © Rich Carey/Shutterstock.com; (Mitte): © Mauritius images/Alamy; (unten): © Calvin Chan/Shutterstock.com; S. 10: © Valentyn Volkov/Shutterstock.com; S. 14: © Elenathewise/Fotolia.com; S. 16: © Jorge Adorno/Corbis; S. 17: Grafiken Haushaltsabfälle 2010. Nach: Bundesminsterium für Umwelt, Naturschutz, Bau und Reaktorsicherheit. Abfallwirtschaft in Deutschland 2013 © Statistisches Bundesamt; S. 22: © Jacek Chabraszewski/Shutterstock.com; S. 23: © Mauritius images/Alamy; S. 24 (links oben): © Sheftsoff/Shutterstock.com; (links Mitte): © DDRockstar/Fotolia.com; (links unten): © Alex Sun/Shutterstock.com; (rechts oben): © dotshock/Shutterstock.com; (rechts Mitte): © photomak/Shutterstock.com; (rechts unten): © Monkey Business Images/Shutterstock.com; S. 39: © Olena Mykhaylova/Shutterstock.com; S. 48: © Robert Kneschke/Fotolia.com; S. 49: © goodluz/Fotolia.com; S. 54: © Andrea Izzotti/Shutterstock.com; S. 56: © Mauritius images/Heidi Velten; S. 60: © igor.stevanovic/Shutterstock.com; S. 61: © Mauritius images/Alamy; S. 64: © action press/Foto Pollex; S. 70: © imago/epd; S. 72: © Maksim Kabakou/Shutterstock.com; S. 78: © mama_mia/Shutterstock.com

Illustrationen: Sylvia Graupner, Annaberg: S. 30, 31, 82, 83. Rüdiger Trebels, Düsseldorf: S. 17, 29, 38, 44, 50, 52, 53, 58, 66–68

Redaktion und Bildrecherche: Susanne El-Gindi, Daphná Pollak
Umschlaggestaltung: Cornelsen Verlag, Design/Klein & Halm Grafikdesign, Berlin
Umschlagfoto: © Marco Govel/Fotolia.com
Layout und technische Umsetzung: zweiband.media, Berlin

www.cornelsen.de

1. Auflage, 6. Druck 2022

Alle Drucke dieser Auflage sind inhaltlich unverändert
und können im Unterricht nebeneinander verwendet werden.

Druck: Athesiadruck GmbH

ISBN 978-3-06-061681-7

PEFC
PEFC/18-31-166

PEFC zertifiziert
Dieses Produkt stammt aus nachhaltig bewirtschafteten Wäldern und kontrollierten Quellen.

www.pefc.de